ホリスティック医学の生みの親

エドガー・ケイシー療法のすべて

All About Edgar Cayce Remedies

series 5

はしがき

本シリーズは、「エドガー・ケイシー療法」という名で知られる治療体系を、さまざまな疾病カテゴリーごとに6冊にまとめて提供するものであります。

日本でもエドガー・ケイシー療法に関して出版された書籍は20冊近くに及び、健康雑誌でも取り上げられるなど、その有効性が徐々に認知されるようになりました。日常の健康法としてエドガー・ケイシー療法を取り入れている人々も着実に増えてまいりました。

そのような中で、本シリーズは、健康法としての域を一歩踏み出して、現代医学がいまだに有効な治療法を見出していないさまざまな疾病について、エドガー・ケイシー療法では原因をどのように捉え、またそれに対してどのように取り組むのか、実際に実行する上で必要になるであろうさまざまな情報とともに提供いたします。

それぞれの疾病ごとに、守るべき食事法、入手すべき治療器具や材料、具体的な治療法とその施術手順など、特に家庭で実行する上で必要となるノウハウをできるだけ盛り込むように心がけました。しかも、これらのノウハウは、エドガー・ケイシー療法を実行することですばらしい成果を得られた人々の実体験から得られたものであり、決して理屈や推論によるものではありません。それだけに、本シリーズで紹介するさまざまな方法は、多くの方々にとって実行しやすく、優れた効果を発揮してくれるものと信じております。

本シリーズは、もともとヒカルランドで行われた全10回の連続講座『エドガー・ケイシー療法のすべて』がベースになっております。そのため、全体的な文体がややくだけた口語調になっております。特に、講座の中で設けた質疑応答のセッションについては、皆さまの参考になると思われるものを、そのまま収録してみました。会場でのやりとりの雰囲気を楽しみながら読んでいただければ幸いです。

本シリーズの中でも、ケイシー療法で使用する特殊な器具・装置については、できるだけ写真や図を示すようにしておりますが、やはりそれだけでは不明な点もあるかもしれません。宣伝めいて恐縮ですが、もとになる連続講座では多くの治療器具の実物を紹介しております。文章や写真だけではわかりにくいような場合は、これら連続講座のＤＶＤを利用していただければ幸甚です。

私自身、40年近くエドガー・ケイシー療法を実践し、たくさんの恩恵をいただいてまいりました。エドガー・ケイシーのもたらした情報が皆さまの人生にとっても豊かな祝福となりますことを心より願っております。

ＮＰＯ法人日本エドガー・ケイシーセンター
会長　光田　秀

免責事項

本書で紹介するケイシー療法は、エドガー・ケイシーが各依頼者に対して与えた情報をもとにまとめたものであり、いかなる効果をも保証するものではありません。

本書で紹介する方法のいずれかを実行しようとする場合は、各自の責任と判断のもとで行ってください。特に、妊娠中の方や持病のある方は、必ず医師あるいはしかるべき資格を有する医療従事者と相談の上で行ってください。万一体調に異変を感じた場合はすぐに中止し、医師の診察を受けてください。

本書で紹介する方法を実施したことで生じるいかなるトラブルに対しても、著者ならびに発行元であるヒカルランドは一切の責任を負いかねることをご了承ください。

ホリスティック医学の生みの親
エドガー・ケイシー療法のすべて
Contents

第2部

ケイシー療法と男性科疾患（前立腺疾患など）

第3部

ケイシー療法とコロナ感染対策（予防・治療・後遺症）

本書は2017年におこなわれた、ヒカルランドパーク5周年の記念イベント、「エドガー・ケイシー療法のすべて　第8回エドガー・ケイシー療法と婦人科疾患（月経困難症、子宮筋腫、膣炎など）」（5月11日）の講演内容に加え、「ケイシー療法と男性科疾患（前立腺疾患など）」および「ケイシー療法とコロナ感染対策（予防・治療・後遺症）」の2部を新たに書き下ろし、収録したものです。

カバー・本文デザイン　takaokadesign
校正　麦秋アートセンター
本文イラスト　浅田恵理子
表紙・目次背景と本文中の英文文字
　エドガー・ケイシーの手紙より抜粋
本文仮名書体　蒼穹仮名（キャップス）

第 1 部

ケイシー療法と婦人科疾患

（月経困難症、子宮筋腫、膣炎など）

この第5巻では、まず生殖器系のさまざまな疾病に対して、エドガー・ケイシー療法でどう取り組むのかお話しいたします。その後で、インフルエンザやコロナなどのウイルス感染症およびワクチンの後遺症に対するケイシー療法についてお話しいたします。

■月経困難症

日本エドガー・ケイシーセンターによくお問い合わせがあるケースとして、月経困難症に対するケイシー療法から説明いたしましょう。

月経困難症といっても症状にはかなりのバリエーションがあります。生理が非常に痛くてつらい。あるいは経血が過多である、あるいは逆に少な過ぎるなど。生理の周期が不順であるというのもありますが、生理不順については別に扱います。

リーディングを調べてみると、約90件のリーディングが月経困難症について扱っています。年齢を調べると、13歳から51歳までの女性がリーディングのアドバイスを受けています。

◇背骨の矯正と各種パックによる対処法

月経困難症に関するリーディングがひんぱんに指摘している原因は、第一に、神経系のバランスが悪くなっていることです。それに次いで分泌腺のバランスの悪化、そして３番目に排泄不良です。その他に、子宮の位置が下がっているケースや、膣壁《ちつへき》が癒着しているケースなども指摘されています。下腹部全体に鬱血《うっけつ》がある、血液が滞留していることも原因としてあげられます。これらの複合化により月経困難症になっているのですね。

治療法として最もひんぱんに勧められているのは背骨の矯正です。オステオパシーによって背骨を調整する。とりわけ腰椎《ようつい》、仙骨《せんこつ》、尾骨が重要です。やはり下腹部を中心に整えます。

同時に、オステオパシーによって臓器の位置も調整します。いろいろな原因で臓器が下がったり傾いていることがあります。

胃が下がって、それに押されて子宮が下がっている場合もあれば、腹筋が足りなくて下がっている場合もある。

いろいろな原因で下がったり傾いたりします。そういった臓器を本来の位置に戻すわけです。


食事療法としては、ケイシーの一般的なアルカリ食をベースにします。

それ以外に心がけるのは、鉄分とたんぱく質を摂ること。

その一方で、多量の肉類、炭水化物、砂糖類は避けます。禁止するというほどではないのですが、我々が通常思っている以上に控え目にすることをエドガー・ケイシーは勧めます。

それから、局所的に激しい痛みがある場合には、エプソム塩のドライパックを施します。

まずエプソム塩を加熱して、適当な袋（麻袋など）に入れます。いくつかの方法がありますが、一番手ごろなのは、エプソム塩をフライパンでちょっと加熱して袋に入れる。あるいは電子レンジで加熱できるタイプのヒーターをエプソム塩の横に置いて加熱してもいいです。

加熱したエプソム塩の袋を用意したならば、おへそより下のあたり、下腹部に当てます。それによって、とりあえずは局所的な痛みを軽減することができます。

あるいは、グライコサイモリンのパックか、アルカサイモリンのパックも有望です。やり方は、食品用のラップのようなものを何枚か重ねて、ちょっと広めのシートを作ります。

次に、ひまし油パックで使うフランネルか使い古しのタオルのようなものを二つ折りか三つ折りにして、ちょうど下腹部を覆うくらいのサイズにします。これにグライコサイモリン（またはアルカサイモリン）を充分に含ませて、軽く絞ってパックを作ります。

この状態で直接下腹部に当てると冷たくてヒヤッとしますから、まずは、これをひまし油パックで使用する電熱ヒーターなどで温めます。

私のオススメは、このパックを電熱ヒーターの上に置いて、そのままヒーターを二つ折りにします。そうすると、いい具合に、上下から温められて、温かいパックが出来上がります。

これを下腹部の子宮の上あたりに当てます。

この状態で30分から1時間、静かにしておきます。

パックを外したら、蒸しタオルのようなもので拭き取ります。これで生理痛の痛みはかなり軽減されるはずです。

グライコサイモリン（またはアルカサイモリン）は軟組織の炎症を軽減するのにとても役立ちます。生理中の痛みにはこれで対処します。

ひまし油パックは、生理直前に終わるように実行すれば、生理の痛みをかなり軽減してくれるのですが、生理中にはできません。

生理中に行うと、毒素排泄が促され、生理出血が増えたり、生理期間が長引いたりします。

いずれにしろ、最も重要なのは背骨の調整と臓器の位置の調整です。

◇バイオレットレイと膣用アプリケーター

月経困難症への対処として、それ以外によく出てくるのはバイオレットレイです。

実は、子宮系のいろいろな病気には、バイオレットレイが多用されます。

簡易型のバイオレットレイには、膣用のアプリケーターが付属していません。

少し値段の高いタイプですと、膣用アプリケーターが付属したものがあります。ちょうど、タンポンのようなガラスチューブになっており、その中にアルゴンガスが封入されています。

実は、私の妻に子宮筋腫ができたときに、バイオレットレイを試そうと思ったこともありました。

でも、ちょっと怖かったのですね。ガラス製品を膣の中に挿入して、電流を通すわけですから。ガラスチューブが膣の中で割れたらどうしようと、私も怖いけれども、それ以上に妻が怖がって、結局、試しませんでした。

ですので、どれくらい効果があるのか、実体験としては語りにくいのですが、子宮系のトラブルにケイシーはバイオレットレイをよく勧めましたので、知らないのはもったいない。皆さんも覚えておいてください。

値段はそんなに高くはないです。

購入や修理の際、全部英語でやりとりしなくてはならないのがちょっと厄介《やっかい》ですが、3万円くらいで手に入ります。日本製のバイオレットレイを買うよりは、かなり安いです。

私が持っているのは、たぶん東欧製ですね。なおかつそれをニュージーランド経由で購入しました。

製品によっては紫色の光が出ないで、オレンジ色の光が出るものもあります。理由は中に封入してあるガスの違いです。アルゴンガスだと紫色の光が出ますが、ネオンガスだとオレンジ色の光が出ます。

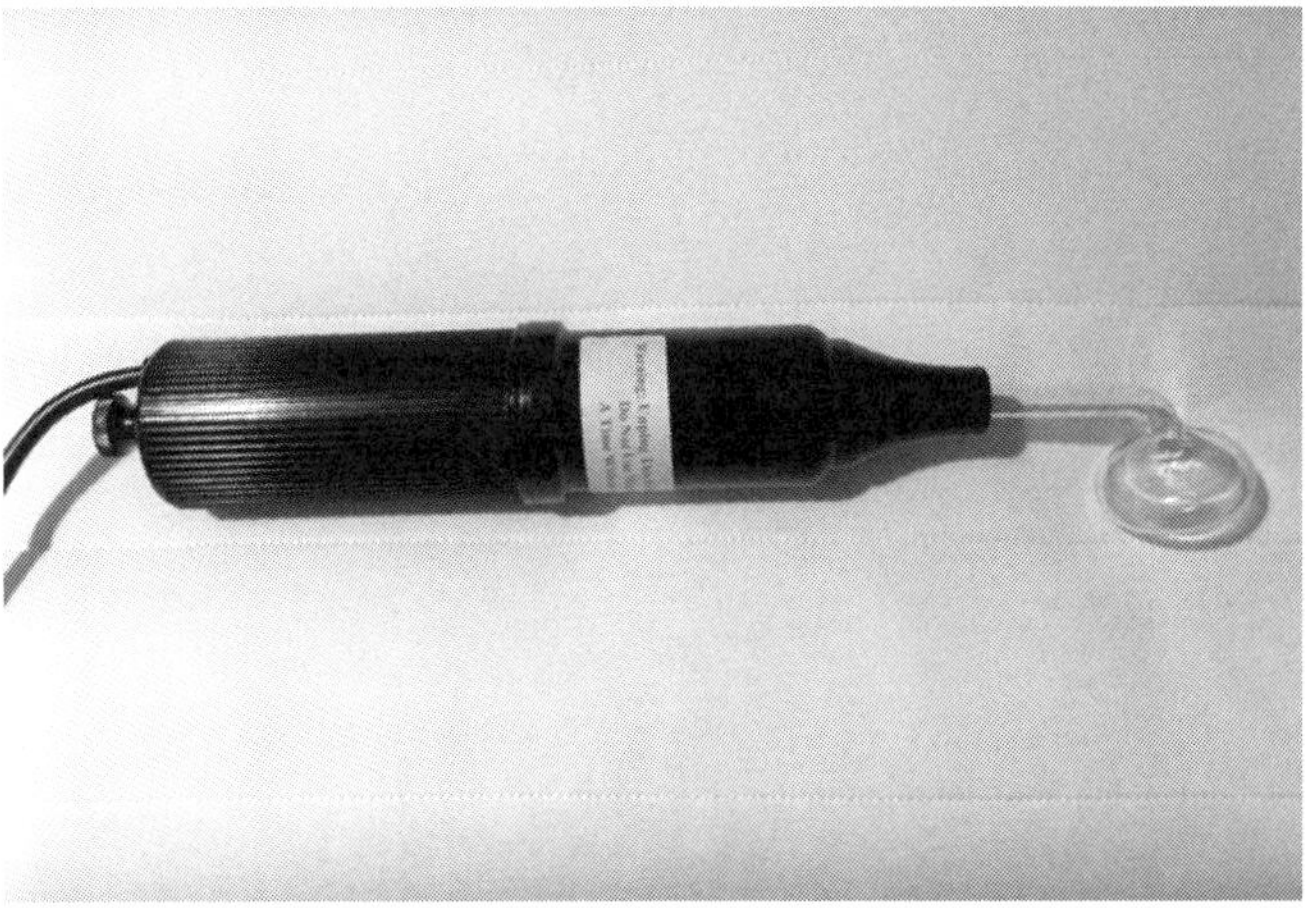

バイオレットレイ

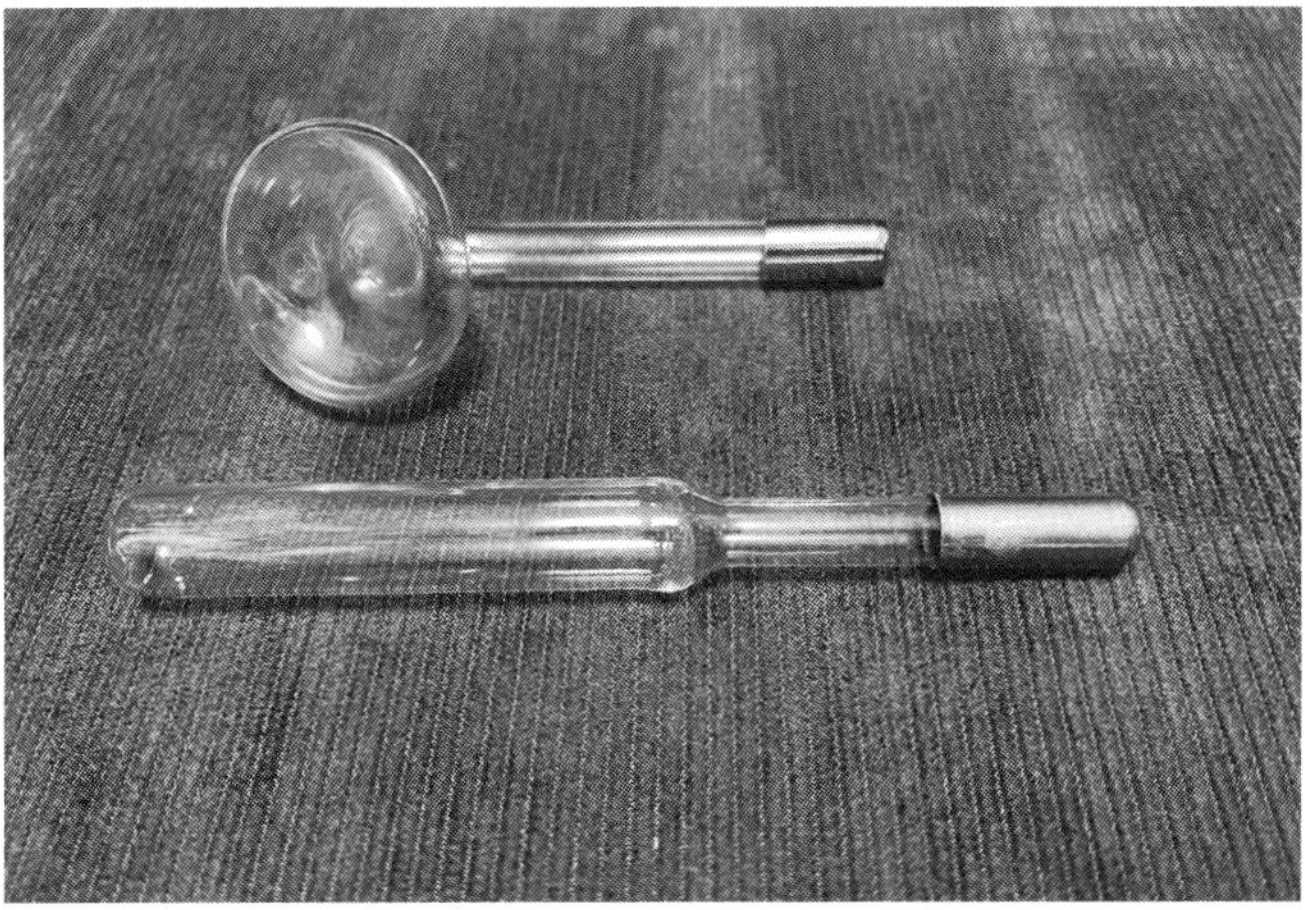

バイオレットレイの膣用アプリケーター（写真手前のもの）

一応、形だけでもお見せすると、こんな製品です。メーカーによって、ちょっとずつ雰囲気が違います。

製品によってはアースが悪いらしく、電気を流すと、持つ手がしびれるものがあります。私の場合、東欧製のものは結構しびれました。だから、電気に弱い人はちょっと怖いかもしれませんね。

通常使うアプリケーターと膣用アプリケーターは21ページの写真のような感じです。これを挿入する。このタイプはガラス製で、中に金属が入っていて、周囲からも放電するようになっています。全体的に放電するわけです。

他にもいろいろ特殊なアプリケーターがあって、頭皮用などもあります。

◇ひまし油パックも大いに有望！

先ほども少し触れましたが、月経困難症への対処法の1つに、ひまし油パックを生理の直前に終わるようにおこなうという方法があります。

生理の周期がきちっとしている人でないとおこないにくいのですが、生理が始まる直前に、ひまし油パックの3日目が終わるようにする。つまり、ひまし油パックが終わってから、翌日とか翌々日くらいに生理が始まるというタイミングでひまし油パックをすれば、相当に生理痛が軽減されます。

私の知り合いでこの方法で非常によい成果を出している人がいましたので、ひまし油パックも可能性大です。

ともあれ、とにかく、月経困難症の場合、「一番は骨盤矯正」と覚えてくださればいいです。

■生理不順

◇生理不順の原因とは？――背骨トラブル、血液劣化、分泌腺の不調

では、次に生理不順です。生理不順で検索すると、12歳から49歳の女性で33件ほど

リーディングが見つかります。

原因としては、これも意外なことに背骨のトラブルが一番多いです。いろいろな説がありますが、ケイシー療法的には背骨のトラブルを第一に考えます。生理ですから、とりわけ骨盤に近いところの背骨にひずみがある。亜脱臼《あだっきゅう》と言われるものです。

脱臼だと痛みがあってわかりやすいのですが、亜脱臼は自覚的な痛みがないのが困りものです。知らず知らずのうちにずれて、それが神経を圧迫してトラブルを生ずる。これが一番の原因として出てきます。

症例の多い順でいうと、第二の原因は血液の劣化です。

すなわち、生理不順で問題になるのは貧血です。あとは、肺での酸素と二酸化炭素の交換がうまくいっていなくて、酸素濃度が低くなっていることが生理を不順にすることもあります。

それから、子宮や膀胱《ぼうこう》あたりの骨盤臓器の鬱血あるいは圧迫で生理不順になるケースもあります。

分泌腺のトラブルも一因です。

それ以外には、消化不良、同化不良。排泄不良ですね。こういった原因があげられます。

これらの原因を聞くと、どういう治療法が勧められるか、皆さんも何となく予測がつくようになったでしょう。

例えば、背骨のトラブルとなれば、おそらくはオステオパシーだろうとわかる。あるいは、分泌腺のトラブルと聞いたときには、おそらくはアトミダインが出てくるだろうと予測がつく。それから、血液が劣化しているとなったら、いくつかの食事療法が勧められるだろうと当たりがつくようになったと思います。

◇オステオパシー、食事療法、電気療法

ケイシーのリーディングが生理不順に対して実際に一番勧めた治療法は、オステオパシーによる整体です。

毎回説明しますが、オステオパシーは、時々やるのではだめなのです。治療するときには、たたみかけるようにやる。

エドガー・ケイシーの言葉で言うならば、「少なくとも週に2回はしなさい」。週に2回、全部で10回から12回くらいまでおこないます。

つまり、週に2回くらい受けるとして、5週間から6週間くらいは続けて受けるのですが、これはちょっとお金がかかります。

整体は日本では基本的に保険がきかないので、1回6000円から1万円くらいかかる。それを全部で10回から12回やるわけですから、最初の1カ月で10万近く治療費がかかるかもしれません。

このように費用面がネックではありますが、ケイシーは、オステオパシーを最初に固めてやることによって、骨がちゃんと戻ると言います。

たまにやる程度だと、結局、戻り切らない。悪い状態にまた戻ってしまう。ですから、古い状態に戻らないうちに、次の治療を加えるというのがとても重要です。

食事療法としては、これまでお話ししてきたケイシー流のベーシックな食事の摂り方とともに、パンやジャガイモ、それからお菓子類、炭酸飲料、揚げ物を避けるようにします。

日本だと、白米やうどんの類いも控えます。

これが生理不順には重要です。

一方で、サプリメントとしては、肝臓エキスあるいはビーフジュースなどを服用する。これは血液の劣化の予防・質の向上のためです。

電気療法としては、バイオレットレイ、インピーダンス装置が考えられます。

インピーダンス装置は、血液の流れを均衡化する、あるいは精神体と肉体のバランスをよくするという効果があります。

バイオレットレイは、電気を当てた部位の血流が非常に増加するので、そういった目的で使います。この場合も、膣に挿入して電気を流すという方法をとります。

◇アトミダインによる膣洗浄

それから、生理不順で考えられるのが、アトミダインもしくはグライコサイモリンの使用です。

分泌腺トラブルのために内服する場合もあるし、膣洗浄に使う場合もあります。

アトミダインはこれまでの巻で何回も出てきたので、皆さん名前はだいぶなじんできたと思います。

主成分はヨウ素です。1％のヨウ素が入っています。通常のヨウ素とは違って、電気的な波動を加えて無毒化されたヨウ素だと、ケイシーは主張します。

分泌腺のトラブルに対するリーディングには、たいていアトミダインが出てきます。

膣洗浄は、腸内洗浄器のノズルを膣用に取り替えておこなうことが多いです。

すなわち、肛門に挿入する細いノズルを、タンポンのような形をした膣用のノズルと取り替えるわけです。

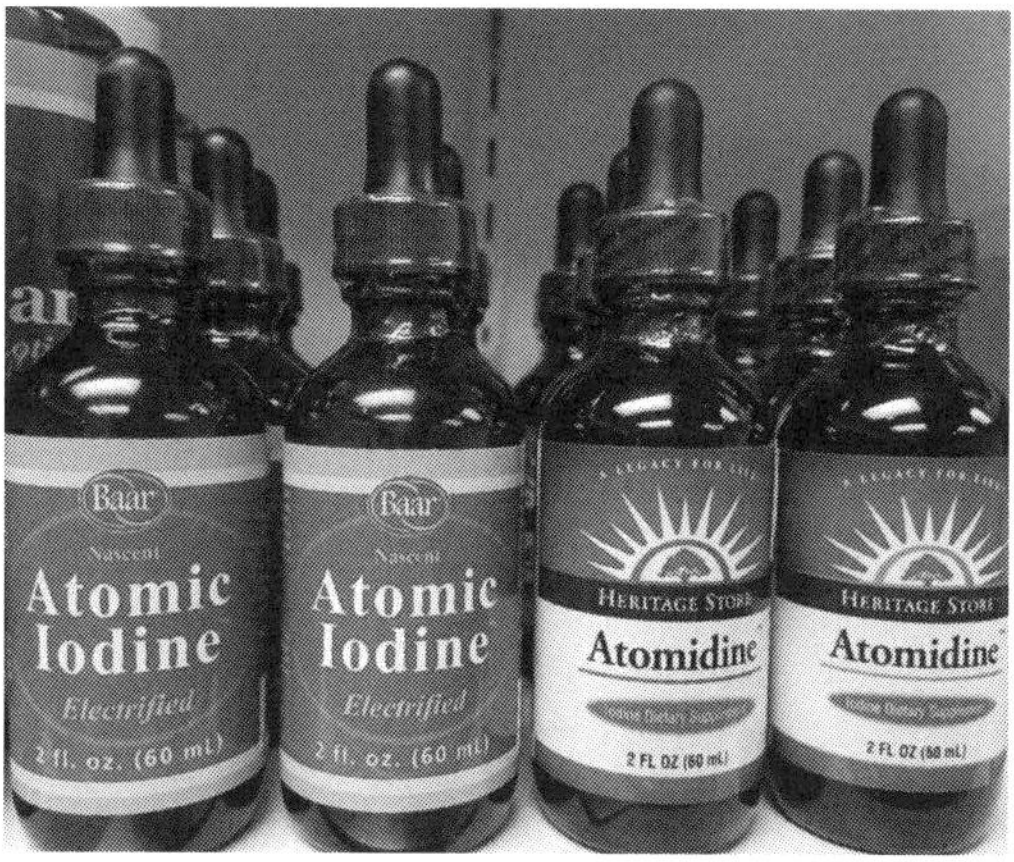
Baar
Atomic Iodine
Electrified
2 fl. oz. (60 mL)
Baar
Atomic Iodine
Electrified
2 fl. oz. (60 mL)
HERITAGE STORE
Atomidine
2 FL OZ (60 mL)
HERITAGE STORE
Atomidine
2 FL OZ (60 mL)

Detoxified Io
1% Iodine Crystal
Ethyl Alcohol
200 mcg Iodine per
www.IodineSour
Detoxified Io
1% Iodine Crystal
Ethyl Alcohol
200 mcg iodine per
www.IodineSour

アトミダイン

そして、アトミダイン（グライコサイイモリンでも可）を溶かした溶液を洗浄器に入れて、膣用ノズルを挿入して膣内を洗います。もちろん、私はやったことはありません、というか、できません（笑）。

膣洗浄を実行している人に感想を聞くと、人によって膣内に溶液をためることができる人と、膣の力が弱いのか、ためられない人がいらっしゃるみたいです。

私が思うに、少しためられるほうがよいはずです。

肛門用ノズルは直流ですが、膣用ノズルは、側面からも液体が噴出するようになっています。それによって、膣全体にアトミダイン（グライコサイイモリン）溶液を噴射することが可能になります。

もちろん、この溶液の温度は体温と同じくらいにしなければいけません。

このようにしても生理不順の改善に役立つとケイシーは主張します。

アトミダインを膣に入れたときに、溶液が濃すぎると、人によってはちょっと痛いそうです。なので、私のお勧めは、最初はちょっと濃度を控え目にすること。

膣洗浄（Douche）と腸内洗浄（Enema）の両方ができるタイプ

携帯用の膣洗浄キットもある

量としては、エドガー・ケイシーは最終的には1リットルに小さじ1杯ぐらいと言っていますが、小さじ1杯だとちょっときつい人がいるみたいなので、1リットルに小さじ3分の1くらいで試してみましょう。

写真（左）の洗浄キットは、お湯が2リットル入ります。

ですから、この半分くらいの量まで入れて、膣用ノズルで流し込みます。

膣内に溶液を保持できない人は、2リットルくらいやったほうがいいかもしれません。

保持できる人は、1リットルくらいで試す。

少し入れては保持して、膣外にリリースする。

これを何回か繰り返すのがよいと思います。

それでも、月経困難症と同じく生理不順の場合も、何しろ一番は、背骨の矯正です。

とりわけ、腰椎、仙骨にトラブルがあったならば、それを早めに解消するのが重要です。

■不妊症

◇ケイシー療法で指摘される不妊の要因とは？

不妊症のご相談も時々いただきます。

調べてみると、不妊については67件のリーディングが、20歳から42歳までの女性に対して与えられています。

これは不妊の原因が女性にある場合が67件あるということで、男性に原因のある不妊症は10件ほどあります。

ここでは女性に原因のある不妊症について見ていきましょう。

女性側の不妊の原因としては、生殖器の分泌腺のトラブルが最も多いです。

それに次いで排泄不良、神経系の不調。それから、子宮の位置がずれているために不妊症になっている人もかなりいます。

意外なところでは、インフルエンザの後遺症による不妊症があるとエドガー・ケイシーは主張します。

インフルエンザは、かかったときよりも後遺症のほうが厄介ですので、治し切ることが重要です。というのも、例えば、てんかんなどの疾患も、インフルエンザの後遺症で出ることがあるからです。

インフルエンザ、特にその後遺症は意外と侮《あなど》れないので要注意です。覚えておきましょう。詳しくは本書の第3部で解説いたします。

◇骨盤臓器の調整、膣洗浄、そして薬用ニンジンもお勧め！

不妊の治療法としては、骨盤臓器を調整するために、週に2回ほど、全部で10回から12回くらい、やはりオステオパシーの治療を受けること。

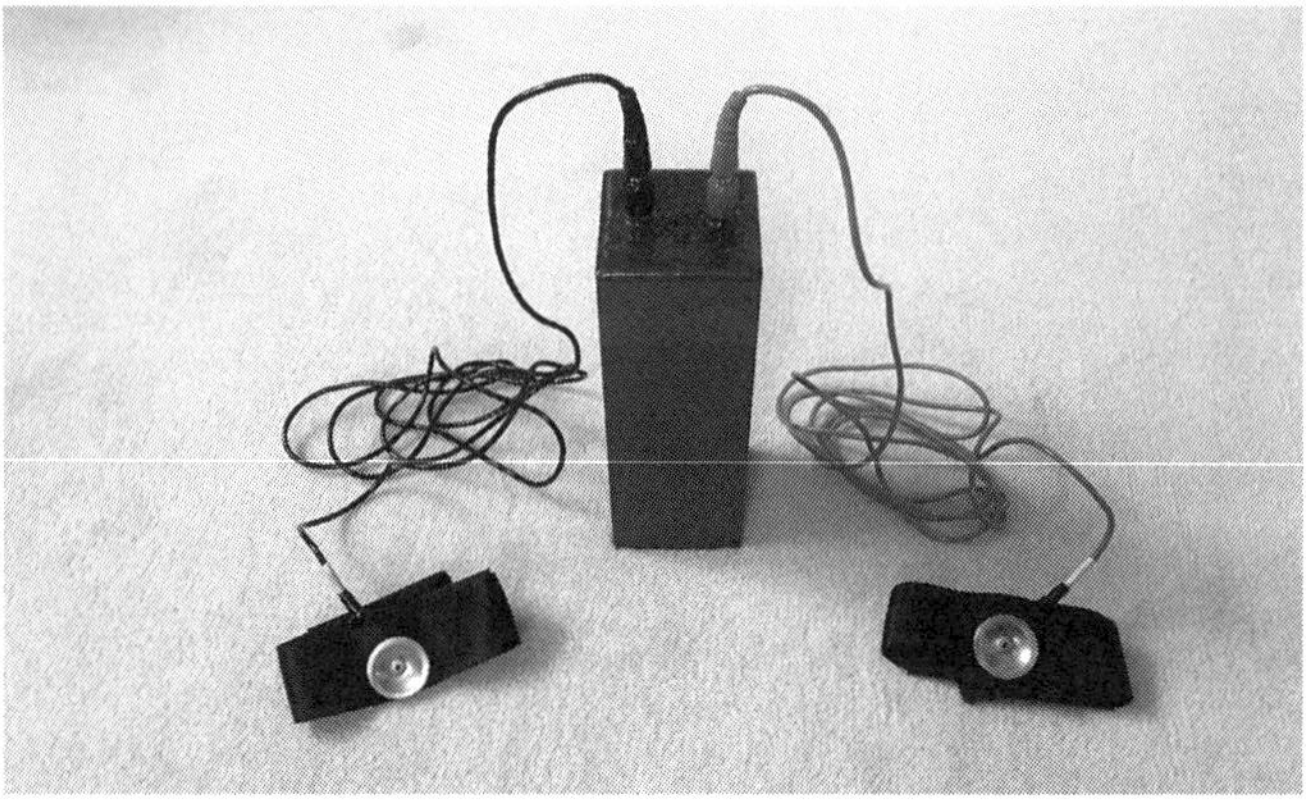

インピーダンス装置

それから、膣洗浄。使うものとしてはグライコサイモリンがメインですが、ケースによっては、アトミダインを溶かしたもの、もしくは塩化金と臭化ナトリウムを少量ずつ溶かしたものを使う場合もあります。

意外なことに、サプリメントして薬用ニンジンを摂ることが勧められるケースがかなりあります。

世界にはさまざまな種類の薬用ニンジンがあります。朝鮮ニンジンもその1つですし、アメリカの薬用ニンジンもあります。あとは田七《でんしち》ニンジンやマカもあります。

これらの薬用ニンジンが不妊症によいとケイシーは主張します。

頻度としては少ないですが、ビタミンEを勧めるときもあります。ですから、小麦胚芽とか、そういったものを少量服用するというのが不妊症に役立つ場合もあるといえます。

電気療法としてはインピーダンス装置の使用が助言されることもあります。

◇食事、心構え、前世由来のケースも

不妊症に対する食事療法は、ケイシー流の基本的方法に加えて、あとは獣の脂をできるだけ少なくするように指示しています。ですから、豚はもちろん、牛や羊も脂身のところはできるだけ避けるようにします。

その他に、本人の心構えが重要になる場合もあります。妊娠に対して不安を抱えていると、どうしても妊娠しづらくなるというのがケイシーの主張です。

本人の表の意識（顕在意識）では子どもを欲しているように見えても、無意識のほうでは子どもを望んでいない、ということも多々あります。

リーディングでは、前世が原因で不妊症という人もいました。

これはちょっと興味深いのですけれど、ある女性が、「私はなぜ妊娠しないのですか」と質問したところ、エドガー・ケイシーは、「それはあなたが前世でシスターだったからだ。シスターとして独身の誓いを立て、女性の機能を抑圧する生き方をした。だから、その誓いと生き方が今生に影響し、そのために妊娠しづらい」と答えました。

そういう場合は、前世療法などによって、心の奥深くに入り、前世から持ちこしてきた意識のブロックを取り除く必要があります。

あなたは前世で2回も続けてシスターとして生きたので、かなり妊娠しづらいと言われた女性もいます。

いろいろな理由がありますが、どういう人生をこの人生で送るかによって、将来の転生に大きな影響があるということを知っておくのも重要ですね。

いずれにせよ、妊娠について、リーディングは次のように語りました。

すなわち、「月経は自然の周期。しかして妊娠は神の摂理」と。

神の目から見て、子どもを授かるにふさわしい自分たちにする、ということが最も大切なことと思います。

■流産

◇流産のリーディング　典型的な３つのパターン

次は流産です。流産に関するリーディングについては、３つくらいパターンがあります。

１つ目は、このままいくと流産するという警告です。

まだ妊娠もしていない人に、ケイシーが「流産の可能性があるから、今は妊娠しないほうがいい」と警告したケースがいくつかあります。

２つ目は、妊娠中に「今の状態では流産しそうなので気をつけなさい」というパターンです。

３つ目は、流産の後遺症です。「次に順調な妊娠をするために、流産の後はこういうふうに手当てしなさい」というアドバイスのリーディングです。

これらの３つのパターンがあるのですが、それらをあわせて全部で39件ほど、流産に関するリーディングがあります。年齢は21歳から38歳くらいまでの範囲です。

流産の原因としてケイシーが最もひんぱんにあげたのは、「子宮の位置が悪い」というものです。

子宮はいろいろな原因で正常な位置からずれてしまいます。下垂する、または、下がらないにしても、前後左右のどちらかに傾いていることもあります。そういう場合にも流産をしやすくなります。

こういうときは、オステオパシーによって臓器の位置を本来の状態に戻してもらうことが必要になります。

それから、「神経のバランスが悪い」という指摘も多いです。つまり、自律神経と中枢神経がうまく協調していないということです。

それから、腹部と骨盤の筋力が不足していても流産しやすくなります。

これらが主な原因です。

ただし、流産はいろいろな原因が合併していて、特定の原因だけピックアップするのは難しいです。強いてあげれば、右に列挙したものが比較的重複しているということです。

◇散歩をして、新鮮な空気と太陽光線を取り込む

治療法としては、背骨の矯正が重要です。あるいは、オイルマッサージも非常に有望です。オステオパシーあるいはオイルマッサージによって背骨をケアしておく。そうすることで、流産の危険性をうんと下げることができます。

あとは、体力をつけるために、充分な休息と睡眠をとっておく。

それから、妊娠する前、あるいは妊娠中もそうですが、運動をする。

「とりわけ散歩がよい」とケイシーは主張します。散歩するのであれば、新鮮な空気とほどよい太陽光線のもとでするように、と言っています。

ただし、昼間の11時から２時までの時間帯の散歩は勧めません。この間の太陽光線は、紫外線が強過ぎるので散歩には向かないというのがケイシーの見解です。

これはアメリカにおけるアドバイスですが、緯度的には日本もだいたい似たようなものだと思いますので、日本においても、11時から2時くらいの時間帯の散歩は控え目にするのがよいでしょう。朝方とか夕方の散歩にします。

運動量としては、あまりダラダラと歩いてもしかたなく、うっすらと汗をかく程度に散歩する、というのがケイシーの主張です。

◇ケイシー流強壮剤！「ビーフジュース」の作り方

体力が落ちているときにも流産しやすくなるので、ケイシーは人によっては強壮剤を勧めます。

この場合の強壮剤の第一候補は「ビーフジュース」です。

皆さん、ビーフジュースは作ってみましたか。作り方は覚えていますか。ここでもう一度復習しておきましょうね。

エドガー・ケイシーは、基本的に獣の肉はなるべく食べないようにと言うのですが、体力をつけるためには、よくビーフジュースを勧めました。

ビーフジュースはいろいろなケースで使われます。例えば、がんの治療中に抗がん剤で体力が落ちたようなとき、あるいは過労で体力が落ちたようなときです。

私も年に数回は自分用に、他の人のために作る場合も入れれば、10回以上は作っていると思います。

作り方は、次のとおりです。

ビーフジュースの作り方

①ビーフの下ごしらえをする

150グラムから200グラムくらいのステーキ肉を買ってきます。

この場合、高級な霜降りステーキ肉などはかえって面倒で不向きです。

ビーフジュースに向くのは、脂身の少ない「赤身が主体のビーフ」です。

私がよく使うのは、なるべく脂の入ってなさそうな、オージービーフやアメリカンビーフです。高級な和牛を使うと、サシ（脂肪）が入っていたりして、食べるにはおいしいかもわかりませんが、ビーフジュースにはまったく向きません。

最初にやるのは、買ってきたステーキ肉の脂身をきれいに取ることです。

そして、赤身のところを約1センチ半くらいのサイコロ状に切ります。

②ビーフを容器に入れる

次に、サイコロ状にしたビーフをほどよい大きさのガラス瓶に入れます。

私がよく使っているのはマヨネーズが入っていたちょっと大き目のガラス瓶です。

サイコロ状のビーフを入れたときに、だいたい、ガラス容器の4分の1から3分の1くらいの高さまで来るようにします。

あまり上のほうに来てもいけないし、低過ぎても安定が悪くなってしまいます。ほどよい高さに来る大きさの容器を使ってください。

③容器ごと3時間、湯せんにかける

ビーフを入れたガラス容器をとろ火で湯せんします。湯せんするときには、このままお湯に入れると、容器がカタカタ動いて厄介なので、私はガーゼとかクッキングペーパーを下に敷いて、その上にのせています。お湯の面の高さは、肉の面の倍から3倍くらいになるようにします。そうすると、ほどよく肉が湯せんされます。

お湯にかけたら、そのまま約3時間湯せんします。この3時間湯せんにかけるというのが手間なのです。

蒸発しますから、様子を見て、時々お湯も足してください。

湯せんにかけている最中は、余分なごみが入ったりしないように、ガラス瓶には軽くふたをのせておきましょう。

ふたをきつく閉めるとガラス瓶が破裂するので、軽くのせるか、もしくはガーゼか何かをのせて輪ゴムでとめておいてもよいです。とにかく、ごみが入らないように、あるいは無用な湯気が入ってこないようにします。

④エキス（ビーフジュース）を取り出して飲む

この状態で3時間ほど湯せんをすると、ビーフの上に赤茶っぽいエキスがたまってきます。

容器をお湯から取り出して、ガラス瓶を傾けてこのエキスだけ別の容器に分けます。

150〜200グラムのビーフから、おちょこ1杯分ほどのエキスが取れます。茶色の薄いものから、赤の濃いものまで、ビーフの質によって色は変わってきます。

エキスをきっちり取りたい方は、コーヒーのドリッパーなどにフィルターをのせて、そこに湯煎した肉ごと入れます。

そうすると、下の容器にエキスがきれいに取れます。

下にたまったビーフエキスは、作りたてのときはまだ熱いです。

それが冷めてくる過程で、だんだんと脂が固まってきます。

ビーフジュースの作り方

1．牛赤身肉の脂身を除き、サイコロ状に切って、ガラス容器に入れる。

2．１を３時間ほど湯せんにかけて、エキスを抽出する。

3．２のエキスをこして、しばらく冷ます。固まった脂肪分をスプーンなどで取り除く。

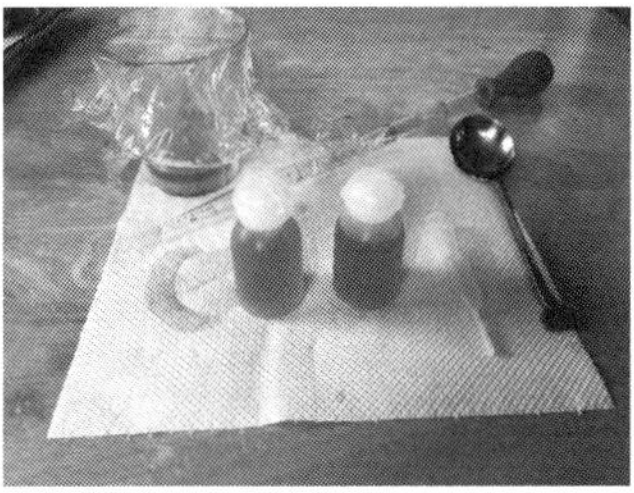

4．できあがり。小分け容器に入れておくと、少量ずつ摂取しやすい。

できるだけ脂身を取ったとはいえ、最終的に室温まで冷えた段階では、必ず脂が白く固まってきますので、その脂をスプーンなどですくい取ってしまいます。

そうすると、完全にきれいなビーフエキスができます。


これがエドガー・ケイシー療法で言うところの「ビーフジュース」です。

◇ビーフジュースは飲み方が肝心！

ケイシーの考えでは、ビーフジュースは最強の強壮剤です。

体の弱い人はぜひ試すとよいです。下手な強壮剤を薬局で買ってくるよりも、ビーフジュースのほうが効きます。

かく言う私も、このあいだ、アメリカのケイシー財団本部に行ったとき、帰国前日にビーフジュースを作って、飛行機の中で飲みました。

ビーフジュースは飲み方がとても重要です。

１回作ると、おちょこ１杯分くらい取れるのですが、１回の服用量は小さじ１杯です。

絶対にゴクゴクと飲んではいけません。

小さじ１杯を、少なくとも３分以上かけて、唾液と混ぜながらチビリチビリと飲む。これが重要なのです。

ケイシーの主張によれば、万が一、小さじ１杯をゴクッと飲んだ場合どうなるかというと、胃袋にステーキ肉１５０グラムを突っ込まれたのと同じ状態になるのだそうです。

つまり、驚くべきことに「小さじ1杯分に、ステーキ1枚分のエキスが入っている！」と主張するのです。

ステーキ肉1枚から、だいたい小さじ8～10杯のビーフジュースが取れます。その1杯1杯が、ステーキ肉1枚分のバイタリティーに相当するというわけです。

これはどういうことかというと、通常私たちがステーキを食べると、バイタリティーも得るのですが、その9割方は消化に費やされてしまいます。なので、もったいないと言えばもったいない。

一方、ビーフジュースにすると、消化する手間が一切かからない。そのために、ビーフのエキスをそのままいただくことができます。

ビーフジュースは十二指腸から直ちに吸収されて、肝臓に送り込まれ、そこで必要な栄養に合成されて血流に入ってくることになります。


ビーフジュースは日持ちしません。

冷蔵庫に入れても3日くらいしかもたないので、体力の落ちている妊婦さんは、妊娠中は何度も作ることになります。体力が落ちているときには、週に2回、あるいは10日間で3回くらいビーフジュースを作る必要があるでしょう。

これは流産の場合ではないですが、例えば、抗がん剤で本当に体力が落ちてぐったりしている場合や、がんも末期になった場合には、ビーフジュースを飲む力すらなくなります。

そういうときはスポイトに入れて、直接口の中に入れてしまう。あるいはガーゼに含ませて、そのガーゼを吸わせる。

もしくは、私が飛行機の中でやったように、おしょうゆを入れる小さいプラスチックの容器に小さじ1杯分くらい入れて、それを2分くらいかけてチビリチビリ吸う。そのような小さい容器に入れたビーフジュースを、1日あたり5本くらい用意しておくとよいでしょう。

というのも、ケイシーは、ビーフジュースを1日に5回くらい飲むのがよいと言っているからです。

食間に5回くらい飲む。そうすると、体力の回復にとても寄与する。いつか試してみてください。何かで疲れたときにビーフジュースを作ると非常によいです。

これは私独自のやり方ですが、ステーキ肉の代わりにすね肉を使うと、すね肉のゼラチンが同時に入るので、ビーフジュースというよりも〝ビーフゼリー〟ができます。

これもなかなかいいです。一石二鳥で、食べやすくなります。

ケイシーはステーキ肉がよいと言ったので、ちょっと亜流ですけれども、私はあるとき、ステーキ肉がなかったので、すね肉で試してみたら、ゼラチン質がたくさん出てビーフゼリーができた。これもなかなかいけるなと思って、私的には気に入っています。

ビーフジュースの味つけは自由です。おしょうゆをちょっと垂らしてもよいし、お塩をちょっと入れてもよい。

私は通常、何の味つけもしませんが、クラッカーを浸して食べることは時々やります。

ここまでで、何かご質問はありますか。

質問者　牛肉はステーキ用の厚いのでないとまずいですか。切り落としみたいなものではだめですか。

光田　なぜエドガー・ケイシーがわざわざステーキ肉にこだわったのか。その理由はちょっとわからないのですけど、私も切り落とし肉で試してみたことが1回あります。

でも、それだとなぜか、あまりうまくエキスが取れないのです。なので、しようがない、ステーキ肉をサイコロ状に切るのが一番いいのかなと思っています。

おそらく、肉がうまく縮むかどうかが問題で、そこがうまくいくとエキスが取れやすくなるのだろうとは思います。

何だったら、一度、切り落としで試してみてもいいと思います。私もすね肉は自分で試してみて気に入っていますから。

◇流産のおそれがあるときの膣洗浄

流産の場合、膣洗浄も勧められます。

このまま いくと流産しやすいという場合に、膣洗浄をする。婦人科系の治療法では、バイオレットレイとともに、膣洗浄がよく出てきます。

膣洗浄の溶液としては、アトミダインを使う場合もあるし、グライコサイモリンを使う場合もあるし、あとは塩化金と臭化ナトリウムの混合液を使う場合もある。頻度として一番多いのは圧倒的にアトミダインです。その次がグライコサイモリンですね。

グライコサイモリンはアルカリ性のうがい薬です。アルカリ性のうがい薬はこれしかないので、エドガー・ケイシーはこれを多用します。

日本では残念ながら薬機法の関係で売ることができないので、個人輸入するしかありません。テンプルビューティフルに頼めば個人輸入の手伝いをしてくれますから、そのあたりで頼むとよいでしょう。

塩化金（左）と臭化ナトリウム

値段は、そのときの為替レートにもよるのですが、日本で輸入した場合、だいたい7000円くらいです（注：2017年当時）。眼病から口臭予防から、いろいろな用途で使えますので、私の言い方で言うならば、各家庭に1ダースくらいあっても、まったくオーケーです。

前述のように、生理痛のときにこれでパックをするととてもよく効きます。

持っておいて損はないです。腐ったりするものではないですし、消費期限もありません。

アルカサイモリン

あるいは、グライコサイモリンに代わるものとして、アルカサイモリンを使うこともできます。これはグライコサイモリンから日本の薬機法に引っかかる成分を除いたもので、ほとんどの場合、これで充分代用できます。

◇子育てへの意志を持つ

流産に関して、最後に一言。

ケイシーは、子どもを育てるという決意と願望が足りてないと、流産することがあると指摘しています。

「きっちり子育てする」という決意や「子どもを持ちたい」という願望が不足している場合、あるいは、子どもを持つことに対する恐れがある場合、流産することがあるというのがケイシーの主張です。

先述の不妊症のケースと同じですね。

■子宮筋腫

◇経血は女性の第5の排泄経路

ケイシーセンターの婦人科系の悩み相談では、子宮筋腫の相談も多いです。リーディングの調べ方にもよりますが、子宮筋腫に関しては約80件のリーディングがあります。年齢的には36歳くらいから55歳くらいまでの女性がリーディングを得ています。

原因で一番多いのは経血の不足です。

言ってみれば、生理の出血が少なくて、そのためにかえってリンパを詰まらせてしまって、結果として子宮に毒素をためてしまう。

人間には基本的に4つの排泄経路がありますが、女性の場合はこれに経血が加わり5つある。この経血による排泄が不良になると、リンパが詰まり、そして子宮に毒素がたまってしまう。これが子宮筋腫の大きな原因になっています。

それ以外には、分泌腺のトラブル。

それから、血液中の化学成分のバランスが崩れることも筋腫の原因になります。

頻度はそれほど高くないですが、骨盤臓器の一部に癒着がある場合にも筋腫ができる場合があります。

原因はこれくらいですが、エドガー・ケイシーは子宮筋腫が重篤な場合は、手術を勧めます。

ケイシーは、何でもかんでも手術を避けるかというと、そうではありません。相当に進行しているような子宮筋腫の場合は、早目に手術で筋腫を取りましょうと助言します。

◇療法をおこなうときは、基本に忠実に

食事療法としては、野菜と果物を中心にします。

これはケイシーのベーシックな食事療法ですが、子宮筋腫の人にとりわけ強く言われるのが、揚げ物、動物の脂肪、炭水化物、砂糖類をできるだけ避けることです。極力避ける、と肝にめいじておきましょう。

あとは、オステオパシーによる整体です。この場合には、腰椎と仙骨、あるいはそれらを中心とした部分に整体をおこないます。

それから、やはりバイオレットレイが出てきます。

私は、子宮筋腫でこの方法を人に勧めたことがないので、効果のほどを検証したことはないのですが、リーディングでは、とにかくバイオレットレイがよく指示されます。

この場合、月経困難症と同じく、膣用アプリケーターを使っておこないます。かなりひんぱんに指示されるので、ケイシー療法で子宮筋腫を治す場合は、相当に有望な方法なのだろうと思います。

他の機器としては、インピーダンス装置を使うというのがあります。

それから、何回も出てきましたが、膣洗浄。

子宮筋腫の場合、使用されるのはアトミダインです。アトミダインは、婦人科系の病気では非常に多く指示されます。

濃度は、いつものとおり「1リットルに対して小さじ1杯程度を溶かしたもの」とケイシーは主張します。

◇リンパと臓器位置を整える骨盤運動――自転車こぎ・腰回し・尻歩き

それから、子宮筋腫の場合、骨盤運動と体操も必須です。

これは、子宮内部のリンパの流れをよくするためです。

それから、子宮筋腫がある人はたいてい臓器の位置が悪いので、臓器の位置を本来の位置に戻すためでもあります。

具体的なやり方をご紹介しましょう。

《骨盤運動① 自転車こぎ》

一番効果的なのは、床に横になり、腰に手を当てて足を空中に上げて、自転車をこぐような動きをする体操です。

床に寝そべって、両手を腰に当ててグーッと腰と足を上げていく。

できるだけ上げたところで、自転車のペダルをこぐように足を動かす。

これを数分間やっては、足を下ろしてリラックスする。

しばらく休んだら、また腰と足をグーッと上げて、2〜3分、自転車をこぐように動かす。これを数回繰り返します。

この自転車こぎ体操をすることによって、重力のおかげで下がっていた臓器が上がってきます。

この体操は、できるだけ寝る直前にやるのが効果的だとケイシーは主張しています。寝る直前にこの体操をすることによって、臓器が本来の位置に戻る。そのまま横になって寝ると、臓器が少しずつ本来の位置に固定されていくというわけです。

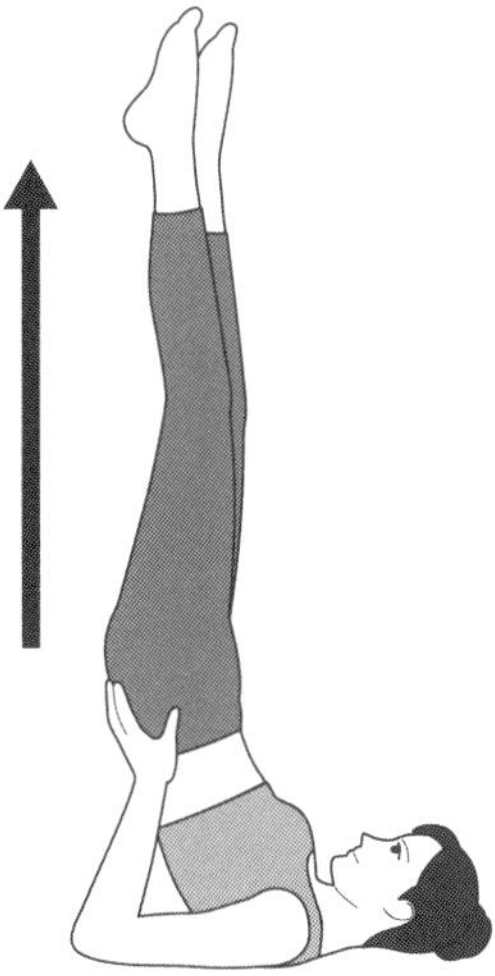

1．床に横になり、腰に手を当ててできるだけ足を上げる。

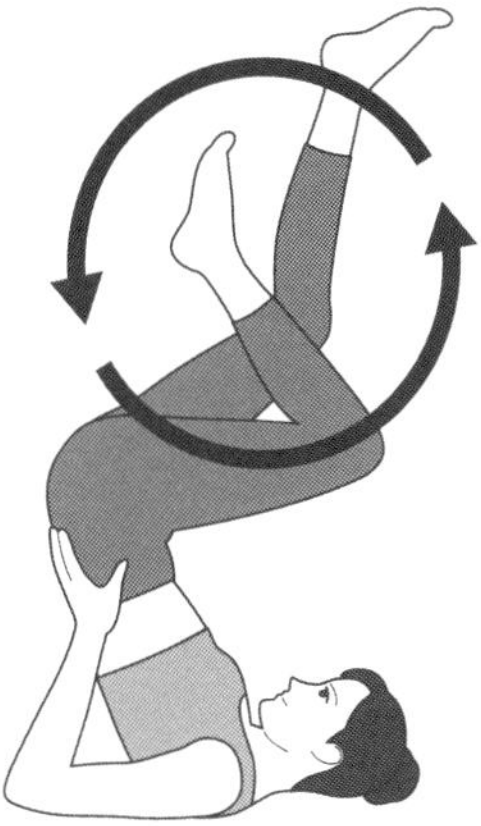

2．自転車をこぐように足を動かす。
２〜３分間続けたら、足を下ろして休憩。
この１、２を数回繰り返す。

骨盤運動①　自転車こぎ

《骨盤運動②　腰回し》

２つ目は、腰回し体操です。

腕立て伏せのような格好をして、足の裏を壁にくっつけて、腰回しをします。

ケイシーは、なぜか「足の裏を必ず壁に固定しろ」と言っています。理由はよくわかりませんが、そのほうがこの体操の効果が高くなるのだろうと思います。

やり方は、まず右に３回小さく回す。そしたら左に３回小さく回す。

その次は、少し大きく、右に３回、左に３回回す。

そして最後は、腰が床につかんばかりにグイッと下げて、上のほうはできるだけ極端に上げて、非常に大きな円を描くようなつもりで反動をつけて腰回しをする。

実際にこれらを勧めても、かなりの割合の女性が、どちらの運動もできません。

特に足を上げる自転車こぎ体操ができない人が多いです。腕立て伏せの格好をするのも、かなりの人ができないです。そういう場合は、次の「尻歩き」を行います。

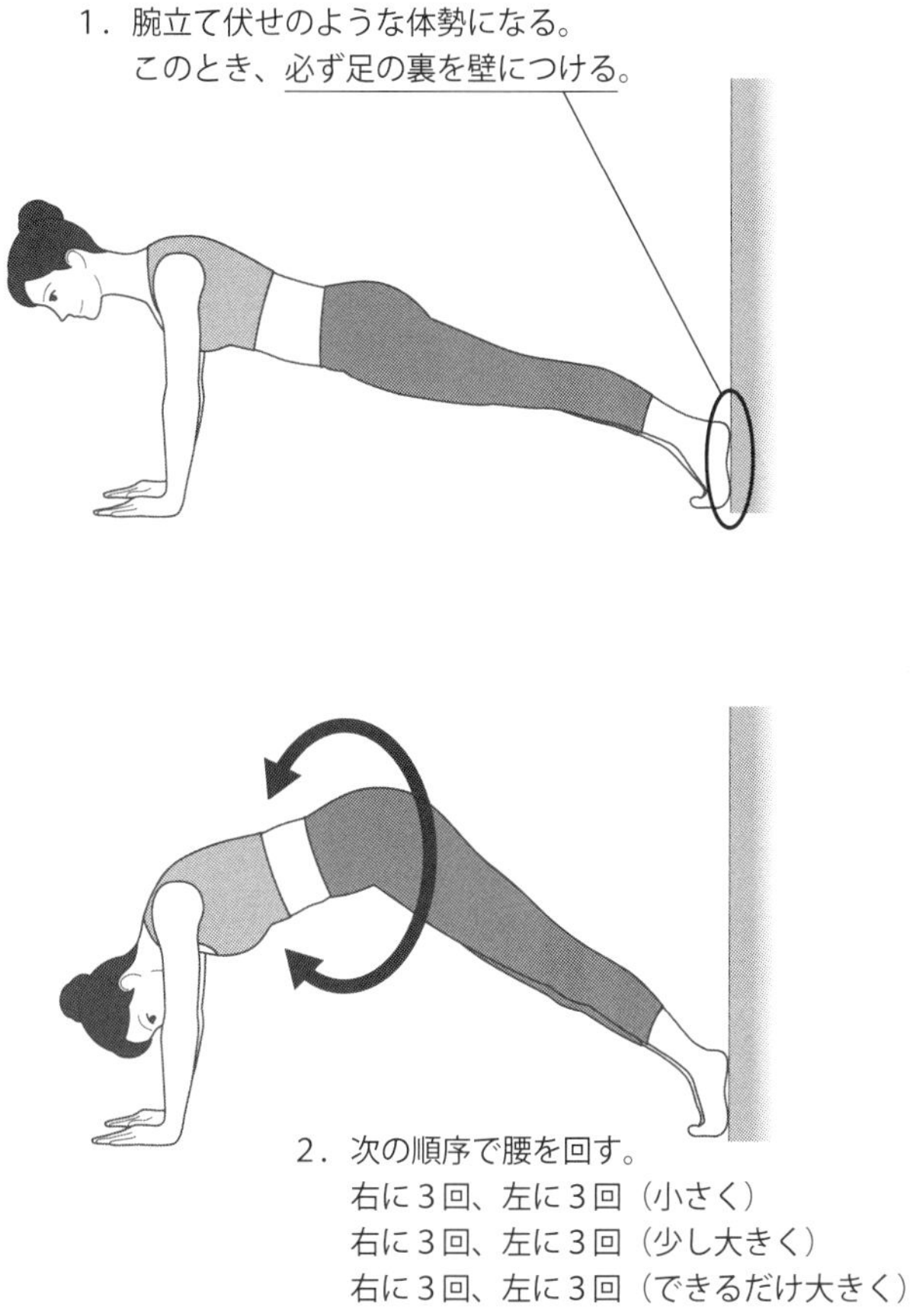
1．腕立て伏せのような体勢になる。
このとき、必ず足の裏を壁につける。
2．次の順序で腰を回す。
右に３回、左に３回（小さく）
右に３回、左に３回（少し大きく）
右に３回、左に３回（できるだけ大きく）

骨盤運動②　腰回し

《骨盤運動③　尻歩き》

自転車こぎも腰回しもできない場合に、最後の手段としてやる方法は、尻歩きです。

両手、両足を前に出して、そしてお尻で床を歩く。

5～6メートル歩いては、そのまま5～6メートル、バックする。

これを何往復かする。

尻歩きをすることによって、ある意味、腹筋が鍛えられて、臓器を本来の位置に保持できる力がついてくる。これがとても重要です。

それができるようになってくると、だんだんと腰回しができるようになってくるし、そのうちに自転車こぎもできるようになってきます。

最初はできなくても、徐々に尻歩きで腹筋をつけていって、できるようにするのが望ましいやり方です。

両手足を前に出して、お尻で床を歩く。５～６ｍ歩いたら、同じくらいバックする。何往復か繰り返す。

骨盤運動③　尻歩き

よろしゅうございますか。どなたか腰回しをやってみましたか。あるいは自転車をこぐような運動をやってみましたか。できましたか。すばらしい。

頭の中で、それによる効果、どういうところに作用しているのかを理解しながらやると、なおよいです。

自転車こぎは、下垂している臓器を上げてくれます。なので、就寝前におこなって、そのまま寝るのがよろしいのです。

本当に重篤な人で、そういう運動ができない人の場合に、エドガー・ケイシーが何をやったかというと、足のほうが少し上がるように、ベッドに傾斜をかけることです。ベッドの足側を30センチくらい上げて、頭が下がる状態にする。そうすることによって、少しずつ臓器を上げてくるという方法も場合によっておこないます。

でもこれは、頭のほうに血が上がってくるので、人によってはできないケースもあります。

■子宮内膜症

ケイシーの時代には子宮内膜症という診断がなかったために、リーディングの索引にはありませんが、痛みの激しい生理痛の中には、子宮内膜症に相当するものが含まれていた可能性も大いにあると思われます。

いずれにせよ、子宮内膜症に対してケイシー療法の観点から勧められる治療法としては、以下のものが考えられます。

＊エドガー・ケイシーの勧めた食事療法を励行する。
＊骨盤矯正をおこなう（週2回くらいのペースで、全部で12回程度）。
＊腸内洗浄をおこなう（月に1回程度）。
＊グライコサイモリン（またはアルカサイモリン）で下腹部に1時間程度温熱パックするか、ひまし油温熱パックを下腹部に1時間程度施す。

ひまし油パックは、生理の始まる前に3日間ほどおこなう。グライコサイモリンのパックは生理中の痛みを抑える目的でおこなう。
＊週に数回、1リットルのお湯に対して、グライコサイモリン（またはアルカサイモリン）を大さじ1杯程度溶かしたもので膣洗浄を施す。
＊場合によっては、週に数回、1リットルのお湯に、小さじ半分から1杯ほどアトミダインを溶かしたもので膣洗浄を施すことも有望かもしれません。

実際に、食事療法とひまし油温熱パックで子宮内膜症を治癒させた若い女性もおられます。病院からは子宮摘出を勧められていたほどの状態から回復されたそうです。試してみる価値は大いにあります。

■帯下（おりもの）

帯下《たいげ》（女性性器からの分泌物、おりもの）については19歳から65歳までの女性に対して72件のリーディングが与えられています。

帯下に対して勧められた治療法を頻度順に列挙すると次のようになります。

＊膣洗浄をおこなう（1リットルのお湯に、小さじ半分から1杯ほどアトミダインを溶かしたものでおこないます）。

＊オステオパシーによる骨盤矯正をおこなう。

＊膣洗浄をおこなう（1リットルのお湯にグライコサイモリンまたはアルカサイモリンを大さじ1杯溶かしたものでおこないます）。

＊場合によって、アトミダインによる膣洗浄と、グライコサイモリンによる膣洗浄を交互に切り替えておこなうことも勧められます。

＊バイオレットレイによる電気療法をおこなう（膣用アプリケータを装着しておこないます）。

典型的なリーディングとしては、次のようなものがあります。

(問) 膣からのおりものは正常ですか？

(答) これは、グライコサイモリンを使った膣洗浄（ドューシュ）で非常によくなるだろう。つまり、体温に温めた1クォート（約1リットル）の水に大さじ1杯を混ぜて、週に1回か2回おこなう。おりものがさらにひどくならない限り、これで充分なはずだ。これによって状態はすっきりきれいになるはずだ。

（457—7　33歳女性）

(問) 膣分泌物には何をすべきですか？

(答) 示したように、通常の食事法が最も役立つであろう。しかし諸々の状態そのもののためには、潅注《かんちゅう》液を交互に使用することだ。1回は1クォートの水に対して大さじ1杯のグライコサイモリンを使用し、そして次の期間は1クォートの体温程度の水に小さじ半分のアトミダインを使用すること。これを重力式注射器に入れて使用すること。腰軸

（第４腰椎あるいは第４腰中枢）の矯正がこの状態の補助にそれなりに役立つはずである。これらは第６、第７と第５胸椎からの反射と結び付いているのだ。

（５３４５－１　35歳女性）

■性病（梅毒、淋病）

現在は、梅毒や淋病は抗生物質で治癒することが可能なために、ケイシーの勧めた治療法が求められるケースはあまりないかもしれません。

しかし、現代医学による治療の効果を高めたり、治癒を促進したりする効果が期待できますし、抗生物質に耐性を示す梅毒や淋病に対しては、ケイシーの勧める方法が大いに役立つこともあるかもしれません。

性病を患う女性に対しては、全部で18件のリーディングが残されています。内訳としては淋病に関するものが10件、梅毒に関するものが４件、性病の後遺症に関するるものが４件となっています。

治療法としては、食事療法と膣洗浄とアトミダインの服用が中心になります。

食事療法としては、ケイシー療法の一般的な食事療法に加えて、多くのケースで獣肉と脂を徹底して排除することと、１件だけですが、シーフードの中では貝類を除くことが指示されています。

膣洗浄は、残っている病原菌の強さによって、アトミダインとグライコサイモリンの濃度も変わってきます。すなわち、体内に残っている梅毒あるいは淋病の病原菌が強い時期は、アトミダインであれば１リットルのお湯に１００ccほど溶かしたものを使います。通常は５cc程度で充分なものが、その20倍も濃いアトミダイン希釈液を使うことになります。

また、グライコサイモリンで膣洗浄をする場合も、１リットルのお湯に２５０ccほど溶かした溶液を使用します。

どちらも、相当に濃度の高い溶液を使うことで、膣内の病原菌を駆除します。

そして、それと並行して、毎日２回、グラス半分の水にアトミダインを５滴から８

滴入れて服用します。これによって体内に残っている病原菌を駆除します。治癒に向かうにつれて、膣洗浄の溶液の濃度や内服するアトミダインの量を減らしていきます。

身体的にかなり負担の大きい方法ですが、そうすることで、体内から梅毒あるいは淋病の病原菌を一掃させます。

■膣炎

次は膣炎です。膣炎のリーディングを調べてみると、ちょっと特殊な例として２歳の女の子が１件ありました。しかし、それ以外は24歳から60歳までの女性で、全部で24件あります。

膣炎の場合、神経系のバランスが低下することで、骨盤の臓器や分泌腺の障害が起きるとケイシーは主張しています。

あるいは、排泄不良が原因で、体質が全体的に酸性過多になっている場合にも膣炎を起こしやすい。これは覚えておかれるとよいですね。

治療法としては、一番手っ取り早いというか、わかりやすいのは膣洗浄です。

アトミダインもしくはグライコサイモリンを使います。

グライコサイモリン自体がアルカリ性うがい薬ですから、膣内の酸性過多をいくらか中和することができます。

婦人科系のトラブルがある場合には、グライコサイモリンとアトミダインと膣洗浄キットは必需品といえます。場合によっては、バイオレットレイも必要かもしれません。

それと並行して、背骨の調整、とりわけ腰椎と仙骨の調整をおこないます。

膣炎の場合、尾骨のケアが指摘されることはそれほどありませんが、仙骨と腰椎の調整はひんぱんに指示されます。婦人科系のトラブルがあった場合には、下半身の筋骨格の調整を心がけるのが重要です。

食事療法としては、他の婦人科疾患と同じですが、肉類、炭水化物、揚げ物は避ける。これらを食べ過ぎると、どうしても酸性過多になってしまうので、相当に控えます。

そして、それ以外にはバイオレットトレイです。この場合も膣用アプリケーターを使います。

これらの方法をケイシーは指示しています。

よろしゅうございますか。婦人科系は、私自身がどうしても体験的に解説することができないので、情報を伝えるばかりという形になってしまいますが、ケイシーはそういうアドバイスを残しています。

■卵巣嚢胞

次は卵巣嚢胞《のうほう》です。

卵巣嚢腫《のうしゅ》の中でも、比較的良性な卵巣嚢胞の場合、調べてみると６人に対して９件のリーディングがありました。26歳から54歳までの女性がリーディングを得ています。

主な原因は、排泄不良です。

排泄不良のために骨盤臓器に毒素が蓄積している。それから、何らかの感染が原因で卵巣に嚢胞が生じたというケースもあります。

治療法としては、膣洗浄と腸内洗浄です。

膣洗浄の場合はアトミダインとグライコサイモリン、腸内洗浄の場合は塩と重曹、そして最後にグライコサイモリンを用います。

温熱パックとしては、ひまし油によるパックでもよいし、グライコサイモリンのパックでもよいし、場合によって、マトンタロウ（羊の脂）・ターペンタイン・樟脳精《しょうのうせい》の3つを混合した特殊なオイルでパックしてもよい。

この3つのいずれか1つを使って温熱パックをおこないます。

3番目のマトンタロウと樟脳精はちょっと手に入れにくいので、ひまし油パックやグライコサイモリンのほうがやりやすいと思います。

でも、この2つで治らなかったら、マトンタロウと樟脳精を手に入れて試してもよいかもしれません。

ターペンタインは画材屋さんに行けば売っていますから割と手に入りやすいですが、

（左２つ目から右に）マトンタロウ、ターペンタイン、樟脳精

マトンタロウと樟脳精は特殊なところでないと買いにくいので試しづらいかもしれません。

私の手元にあるものをお見せすると、このような感じです。

ターペンタインはテレピン油ともいって、画材として絵の具を溶かすときに使う油です。松から取れるので松の香りがします。

他の方法としてあげられるのは、食事療法と整体とマッサージ、それとバイオレットトレイという組み合わせになります。

婦人科系の疾患では、バイオレットトレイと膣洗浄が本当によく出てきますね。

■更年期障害

次は更年期障害です。更年期障害は、さすがにリーディングも多くて、170件くらいあります。

原因としては、分泌腺のバランスの低下です。ただしエドガー・ケイシーは、その中でも、主に甲状腺のバランスが崩れていると主張します。

それから、神経系のバランスが低下している。「神経系のバランスが低下」という言い方は、中枢神経と自律神経の協調が悪くなっているという意味です。

それ以外には排泄不良、同化（食物を消化吸収する能力）不良、循環不良、疲労。いろいろな原因で更年期障害と言われる状態になります。

治療法は、バイオレットレイを使って局部的に刺激する方法と、インピーダンス装置を使って全体的な血液の流れのバランスをとる方法の2つがメインです。

それから、整体、マッサージ、首出しサウナも有望です。

食事療法としては、いつものとおり、野菜と果物中心で、動物の脂はできるだけ食べない。

それから、アトミダインあるいは塩化金と臭化ナトリウムの服用です。

アトミダインを服用すると甲状腺にすぐに影響します。

こうして甲状腺を刺激することで、全体の分泌腺バランスを回復するというのがケイシーの主張です。

それから、ケイシーは、心についてのアドバイスもしています。

建設的な発想をする練習、散歩による気晴らし、それから、これは1件だけでしたが、「仕事中に歌を歌いなさい」というアドバイスもありました。

これなど、わかりやすい、いいアドバイスですね。誰かに聞かせるわけではなくて、自分に向かって静かに歌を歌いなさい、と。

私も時々自分の体調に何か違和感があるときに歌を歌います。

賛美歌を歌うと、気持ちがまた回復して、不調が軽減される、あるいは気にならなくなります。

■新生児・妊婦のケアとココアバター

次に育児についてのリーディングのアドバイスをお話しします。

育児に関してのリーディングを調べるとよく出てくるのが、ココアバターのマッサージです。

◇赤ちゃんとご年配の方のケアには、ココアバターが最適!

ココアバターはいろいろな用途に使います。

名前の印象がよく似ているので、ココナツ油と間違える人がいますが、ココナツ油はヤシから、ココアバターはカカオ豆から取ります。名前は似ていますが、ものは全然違います。

ココアバター

ココアバターは室温だと、たいてい固まっています。

ただし、夏場は溶けることを覚えておいてください。

私も1回うっかりして、夏場にココアバターのふたを不注意に開けて、溶けたココアバターをドバッとこぼしてしまったことがあります。あれは結構泣けます。

冬場は逆にカチンカチンですから、溶かすのにちょっと時間がかかります。

どういう目的で使うかというと、ココアバターは人体にとても穏やかに効きますから、乳幼児、あとは高齢者、例えば80歳を過ぎたような方には、普通のマッサージオイルよりもココアバターのほうがいいのです。

新生児の場合には、背骨にココアバターをすり込みます。

私のところに子どもが生まれたときにもココアバターで背骨のマッサージをやりました。

理由は、妻の妊娠中に子宮筋腫が見つかったからです。大きな子宮筋腫が3つある状態で妊娠したために、妊娠7カ月くらいから、胎児が子宮の中で丸くなれず、背骨が伸びた状態で成長した。そのため、脊柱《せきちゅう》に普通の妊娠ではあり得ないような圧迫を受けている可能性があったのです。

それもあってか、妊娠7カ月から胎児の脳に水がたまりはじめました。ドクターからは、エコーを見た段階で「このまま脳の水が取れなかったら水頭症になる」と言われました。水頭症になった場合、今の日本の医療では、出産と同時にすぐに水を抜くそうですが、もしもうまく抜けない場合は、いくらか障害が残る可能性がある、とのことでした。

娘がそういう状態で生まれる可能性があると聞いていたので、生まれてすぐにマッサージをしようと思ってココアバターを用意しておきました。

◇いざというとき、夢分析が役に立つ

幸い娘は、出産のころには脳の水が吸収されて、健康な状態で生まれました。ピークは妊娠８カ月の半ばくらいでした。相当に水がたまっていたのですが、そのころから水が吸収され始め、出産の１週間ほど前には、「脳内に水はありません」とドクターも太鼓判を押してくれました。

実は、これもケイシー療法のおかげです。

その間、私が何をやっていたかというと、妻へのひまし油のマッサージです。同時に、妻の子宮の状態が硬かったので、夜は丸くなって寝てもらいました。なるべく子宮自体が丸くなれるように、妻にも丸くなってもらったのです。

あとは、夢分析をしてもらったところ、カルシウムが足りていないことが指摘されましたので、カルシウムがたくさん摂れるように、いろいろ工夫をしました。

鳥の骨を砕いてチキンブロス（スープ）を作り、ゼラチンとカルシウムをたっぷり含んだその汁を妻に飲んでもらいました。これが有効だったみたいです。

夢分析も非常に助けになりました。皆さんも、究極のときには、夢に問い合わせるのもいいですね。ここぞというときには、ぜひ夢分析を活用されるとよいです。

◇ココアバターによるベビーマッサージのやり方

うちの娘が生まれるとすぐ、それこそ1日に何度も、脊柱をココアバターでマッサージしました。

やり方は、スプーンでココアバターを削り取り、小さじ1杯分くらいを手のひらにのせて、両手を合わせて手のひらのぬくもりで溶かします。

体温で溶けますから、ほどほどに溶けたところで、子どもの背中にすり込みます。

すり込み方は自由です。

抱っこした状態で、とにかく背骨にすり込む。螺旋《らせん》を描きながらすり込んであげれば、ケイシー療法的には、なお喜ばしいです。

そのようにして、頭のつけ根から尾骨にかけて、背骨全体に穏やかにココアバターをすり込みます。背骨そのものというより、背骨に沿ってやさしくすり込みます。おかげさまで、娘はたぶん、背骨にかなりのひずみを負って生まれたはずですが、その影響もなく健やかに育ってくれました。

それ以外にも、出産時に吸引したような場合、あるいは逆子で生まれた場合には、できるだけココアバターのマッサージをしたほうがよいでしょう。

帝王切開は赤ん坊にとっては楽に出てこられるイメージがありますが、実際には、とても窮屈な状態で、無理に引き出す形になりますから、同じように背骨にひずみを残している可能性が大です。

そのため、私はいろいろな講演会に行って、そこに役所関係の人が来られた場合によくお願いするんです。新生児のお母さんに、国や自治体の予算でココアバターを1瓶プレゼントしてほしい、と。

ココアバターを1瓶買っても2000円から3000円です。それで将来、統合失調症になるとか、てんかんになるとか、そういった重い病気を避けることができるわけです。背骨のしっかりした元気な子どもにするためにも、そういった仕組みができるといいですね。

私は知り合いに子どもが生まれたときには、たいていココアバターをプレゼントしています。

1カ月ほど前にも、あるお母さんに差し上げて、使い方を説明しました。もちろん、私がケイシーの研究者であることを知っておられるので、「ケイシー療法では、新生児にココアバターのマッサージをするととてもよいのですよ」という話をしたところ、とても喜ばれました。

◇ひまし油は妊婦ケアにも有効

あとは、妊娠中にひまし油パックをするのも、母体の安定化にはとても有望です。

それから、妊娠線対策としては、下腹部や臀部《でんぶ》、太ももなど、妊娠線を作りやすいところを、ピーナッツオイルとオリーブオイルを半々に混ぜた、いわゆる「ケイシーのマッサージオイル」でマッサージをするのもいいです。

そうすると妊娠線は基本的に出ないです。

私のこれまでの経験では、オイルマッサージした人で妊娠線を作った人は１人しか知りません。それ以外の人は、まったく妊娠線が出ませんでした。

そういった意味で、このオイルマッサージはとても有効です。

このピーナッツオイルとオリーブオイルを半々に混ぜたマッサージオイルは、ケイシー用品としては「大地と光のマッサージオイル」という商品名で出ていますし、最近テンプルビューティフルが作った「森と光のマッサージオイル」も非常にいいです。

これなんかでマッサージをすると、おそらく妊娠線はできないと思います。

通常はこれくらいのケアで充分ですが、何か妊娠関係でトラブルがあるような場合には、ひまし油でマッサージされるとよろしいでしょう。

トラブルというのは、「逆子になっている」とか「あるいはお母さんのつわりがきつい」とか、いろいろな意味で少々問題があるような場合には、ひまし油のマッサージがいいかもわからないです。

この場合には、ヒーターを当てないで、常温のひまし油でマッサージして、拭き取らないで、そのままで一晩寝てしまうようにします。私の妻の場合は、それで子宮筋腫が小さくなりました。

◇逆子と統合失調症

参加者　ココアバターで新生児の背骨にマッサージをすると、将来、統合失調症等も防げるということは、吸引分娩や逆子で生まれたお子さんの場合には、その可能性があるということですか。

光田　ケイシー療法的に見ると、非常に可能性が高いです。

エドガー・ケイシーのリーディングを調べると、統合失調症が100件から140件くらいあります。

どれくらいの症状を統合失調症と見るかにもよりますが、私の知り合いのデビッド・マクミランという研究者は、ケイシーの統合失調症のリーディングは全部で14

０件くらいあると主張します。

そして、その統合失調症の原因の３分の１くらいが出産時に逆子だったのです。

逆子というのは、我々が想像する以上に、背骨にものすごく負担がかかります。

特に頸椎《けいつい》と尾骨、仙骨に非常に大きな負担を受けて生まれてきますので、気をつけたほうがよいでしょう。

正常の分娩であれば、子どもはうまく頭を回転させながら出てきますが、逆子はそれとは逆に足から、それも片方の足から出てくるわけです。自然とは違ったプロセスで生まれてくるために、圧迫がかかって、いろいろな不具合を生んでしまう。

ですから、逆子あるいは吸引分娩となると、私からすればココアバターは必須です。

それによってどれだけ助かるか。

将来への好影響は計り知れません。

◇ひまし油パックで利発な子に

私はいろいろな妊婦さんにひまし油パックをお教えしましたが、経験上、そうしたお母さんのお子さんは非常に健康に生まれます。

例えば、アトピーがめったに出ない。私が知っている限り、ちゃんとしたひまし油パックをしたお母さんで、その後、お子さんのアトピーで苦しんだという人は今のところ知りません。

それ以外にも、ひまし油パックをしたお母さんのお子さんは、あまり大きい声では言えませんが、利発そうな顔をしています。頭がよさそうです（笑）。

なので、ひまし油パックをしないのはもったいないと私は思っています。

私のひいき目ではなく、実際にお子さんを見た方々が、「利発に見える」と言います。あと、夜泣きとか、そういう面倒なことが少ないですから、とても育てやすいと言われます。

ひまし油パックをすると、お母さんの体に毒素が少ないはずですから、当然、新生児にも毒素が少ない。毒素が少なければ、それだけ精神的にも安定しますから、むずかるようなことが非常に少ないのです。

参加者　出産寸前までずっとやっていても大丈夫ですか。

光田　大丈夫です。

私の知り合いで、グラディス・マクギャレイ先生という女医さんがいらっしゃいます。

この先生は、誰もが認めるケイシー療法の世界的権威です。

グラディス先生はお子さんが５人くらいいるのですが、全員ひまし油パックをしながら産んだと言っています。

そのうちの３人がドクターですから、とても優秀です。

もともとお父さん、お母さんがドクターですから、優秀な遺伝子だったとは思いますが、それにしても健康に生まれてきた。

グラディス先生は、「妊娠中にひまし油パックをしないのはもったいない。母体も安定するし、新生児も安定するのですからやったほうがよい」とよくおっしゃっています。

この場合、電熱ヒーターを使って温めたほうがいいですか、とよく聞かれます。グラディス先生は、特別問題がない限り、ヒーターをかけたほうがよいと言っています。というのは、ひまし油パックのヒーターはせいぜいお風呂に入っている程度の温度だからです。

妊婦さんだってお風呂に入るわけですから、それを考えれば、ヒーターをかけるぐらいのことは別に気にすることではない。むしろヒーターをかけたほうが、ひまし油が浸透しやすいので、ヒーターをかけたほうがよい。少なくとも肝臓にやるのなら、普通と同じようにヒーターをかけましょう、と。

ただ、妊娠中に非常におなかが痛むという場合は、ヒーターを避けたほうがよいこともありますので、妊婦さんの体調を最優先にしてください。

私自身は、自分の妻であれば、ヒーターをかけたと思います。ただし、治療院などであれば、後々妙なトラブルが生じることも考えられますので、ヒーターは避けたほうが無難かもしれません。ただ私の個人的な心情としては、ヒーターを当てたほうがよいだろうと思っています。

◇母乳のあげ過ぎ・濃過ぎでアトピーに

以上が妊娠中から生まれて間もないころまでの、ケイシー流の育児アドバイスです。それから、新生児のトラブルの原因のかなりの部分は、母乳のあげ過ぎ、もしくは濃過ぎだとケイシーは言っています。これにより、子どもさんが消化不良になることが多いのだそうです。

ケイシーは、子どもが欲してないのに、わざわざ無理やりミルクを与えるなと言います。実際に子どもが欲したところでミルクを与えるようにするとよいでしょう。

それから、母乳が濃過ぎると、皮膚炎などになりやすい傾向があります。

新生児がひどいアトピーを発症しているような場合、我々は、お母さんの母乳あるいは飲ませているミルクが濃過ぎないかを疑い、少し薄めるか、授乳頻度を下げるよう助言します。

生まれて数カ月のうちに、激しい皮膚炎が出たような場合、ケイシー療法では1回下剤をかけます。

このときに使う下剤は、昔は「フレッチャーズ・キャストリア」といいましたが、今は「フレッチャーズ・ラクサティブ・フォー・

フレッチャーズ・ラクサティブ・フォー・キッズ（旧・フレッチャーズ・キャストリア）

キッズ」という商品名で販売されています。

センナが主成分の下剤で、通常の使い方だと、1回につき小さじ2～3杯を飲ませるのですが、ケイシーはそれでは量が多過ぎると主張します。

1回に小さじ半分、新生児の場合は小さじ3分の1くらいにして、ただし頻回に飲ませる。

具体的に言うと、30分に1回くらいの間隔で、しっかりとした下痢が起きるまで飲ませ続けるように指示しています。

しっかりとした下痢が起きたならば、下剤を飲ませるのはおしまいにして、消化管がきれいになった後で、改めて母乳またはミルクを少しずつ与えるようにする。そうすると、子どもの消化管が1回リセットされるので、皮膚炎を早く解消することができます。

これらが、子どもが生まれたときについてケイシーが教えてくれた知恵です。

■質疑応答

◇つらい子宮内膜症系の疾患には……

質問者A　うちの長女の生理痛がすごくひどくて、初めは「ちょっと重いぐらいかな」と思っていたのですが、仕事に行っても青い顔をして帰ってきて、そのうちだんだん重症になっていきました。

当初は病院でも原因がわからなかったのですが、あるとき「子宮腺筋症」だと言われました。

子宮腺筋症は、もともとは子宮内膜症でひとくくりになっていたものが分かれてできた、最近の病気なのだそうです。

光田　子宮内膜症の一種なのですか。

質問者A　聞いたところでは、子宮内膜が筋肉の間にできるのだとか……とにかく難しい病で、すぐには治らない病気らしいです。

治療として、ピルを21日間飲んで、飲み終わると生理が来る。そうすると生理痛が軽くなる。そして生理が終わったら、またピルを21日間飲むというのをやっているのですが、お金もかかるし、「いつまで飲むのですか」と聞いたら、「生理があがるまで」と。心配です。

光田　子宮内膜症の場合ですと、ケイシー療法では、まず骨盤がひずんでないか検査します。特に腰椎、仙骨、尾骨です。お子さんが小さいころ、そのあたりを痛めたとか、あるいは、逆子で生まれたとかないですか。

質問者A　おなかの中で逆子だったのですが、生まれてくるときは直って、普通に生まれてきました。

光田　それなら出産の影響は特別ないかもしれません。

ただ、仙骨や腰椎あたりをどこかで痛めた可能性があるかもわからないです。

例えば、小学校のときに跳び箱で尻もちをついて、何年も後で発症する人もいます。

あるいは、小さいときにスケートで転んで、その影響が思春期を越えてから出る人もいます。

10年とか15年たってから痛めた影響がきいてくる人が結構いるのです。

質問者A　その場合、整体に行くといいのですか。

光田　はい、整体に行きます。

ケイシーがよく勧めたのはオステオパシーで、筋骨格系の調整をしてもらいます。

まず、評判のよい先生のところに行って、背骨のずれがないか診てもらう。

とりわけ、仙骨、尾骨、腰椎あたりを診てもらって、それで問題がなければ、あとは臓器のひずみや位置のずれがないかどうかもチェックしてもらう。

そこも問題がなければ、あとはひまし油パックと膣洗浄です。

でもその前に、やはりまずは骨の調整のほうが重要です。骨に異常がないか診てもらうとよいでしょう。

あとは、生理の直前に終わるようにひまし油パックをするというのが、さっきも述べましたが、子宮系の不調にはとても有効です。

これで相当に生理痛などが軽くなった人を知っています。

子宮系のトラブルは、ひずみがあって、リンパの流れが悪くなるというのがほとんどの原因です。あとは不適切な食事ですね。

質問者A　長女は貧血もある上に、実年齢はまだ30代なのに、血管年齢は50いくつと出たのです。それで「何か問題があるのでは」と言っていたらこんなことになって……。

そのせいで身体も実年齢より老けているのかな、と。

生理がひどいというのも、経血がおむつをしなくてはいけないぐらい大量なのです。だから生理の後に貧血になったり、いろいろな不調が重なったりして、かわいそうだなと思って……。

光田　血管年齢がそんなに高いのであれば、食事の中にオリーブオイルをよく入れたほうがいいかもしれないですね。血管を丈夫にするのに、ケイシーはオリーブオイルをとても勧めました。

サラダのドレッシングに使ってもよいし、夜寝る前に、オリーブオイルだけを飲んでもよいです。味がちょっと飲みづらいですけどね。

それからあとは、先ほどの骨盤運動です（58〜63ページ）。

子宮の位置を正常な位置に戻すための３つの体操をどれかやってみる。

あとは砂糖の類いとか、揚げ物、豚肉を避けることです。

質問者Ａ　そういったものは意外と食べてないです。

光田　では、割と早く効果が出るかもしれません。

内膜症は結構大変ですからね。

まとめますと、とにかく、内膜症系の疾患にはひまし油パックが相当に有望です。

また、背骨の調整、それから運動・体操、そして必要であれば膣洗浄。

場合によってバイオレットレイ。これは、ちょっと怖いかもしれないので、ご本人と要相談ですね。

◇背骨の硬直化と潰瘍性大腸炎――ミルラチンキとブドウの効用

質問者B　婦人科疾患ではないのですが、「強直性脊椎炎」という背骨が真っ直ぐになって固まってしまう疾患に悩まされています。一種の膠原《こうげん》病らしいです。アレルギーとか潰瘍《かいよう》性大腸炎とか、いろいろ重なって、背骨が硬くなってしまうのだそうです。

光田　背骨の柔軟性がなくなるということですか？

質問者B　要は背骨が真っ直ぐになってしまうということです。それでもう十何年たっているのですが、何か対処法はあるでしょうか。

光田　背骨のトラブルですね。

もしもケイシーがその状態に対するアドバイスを求められたならば、ちょっと特殊なマッサージを勧めたと思います。

1つは、オリーブオイルとミルラチンキを混ぜたオイルでのマッサージです。

これは、骨に異常があるときに、よくエドガー・ケイシーが勧めたオイルです。

もう１つ可能性があるのは、マトンタロウ（羊脂）とターペンタイン（テレピン油）と樟脳精の３つを等量加えて混合したオイルです。

これは保存ができないので、毎回作らなければならないのが手間なのですが――ともかく、この２つのいずれかでマッサージすることを勧めたと思います。

これらを用意するのが難しい場合は、先日テンプルビューティフルが発売開始した「森と光のマッサージオイル」も有望です。ピーナッツオイルとオリーブオイルにラノリン、松葉油、サッサフラス油（クスノキ系の落葉樹のオイル）などが入っています。

このオイルは市販されていますから、まずはこちらを試しに使ってもよいと思います。

うまく効果が出なければ、オリーブオイルとミルラチンキを混ぜたオイルを試してみる。量は１対１で混ぜるのが理想なのですが、ミルラチンキは高価なので、私は２対１くらいでオリーブオイルを多くしています。これはあくまで経済的な事情です。

いずれにせよ、これら３つのオイルマッサージが有望だと思います。

あとは、膠原病の一種であれば、ひまし油パックもしたほうがいいかもしれませんね。

潰瘍性大腸炎については、それに特化した治療法があります。

「ブドウパック」という方法です。

非常に不思議なことに、エドガー・ケイシーは腸のトラブルに、よくこのブドウパックを勧めたのです。

このときに使うブドウは、コンコード種という紫色の濃いものです。これを皮ごと潰します。

種は潰さないほうがよいので、取ってしまってもよいし、あるいは種を潰さない程度に圧を加減します。

このとき重要なのが、ブドウパックの厚さです。

最低でも、2センチくらいの厚さに作ります。

結構な厚さのパックをおなかの全面に施すわけですが、ブドウだけではこぼれてしまので、ガーゼの上にブドウを重ねます。そしてその上にまたガーゼを置きます。

こうしてブドウの上下をガーゼで挟んだものをおなかにのせます。

10分〜15分くらいたつと、体温で熱くなってくるので、そうしたらひっくり返してください。計30分くらい、おなかにブドウパックを施します。そうすると、かなりの確率で腹痛がおさまってきます。

あとは、その人自身がブドウを食べるのもよいです。

潰瘍性大腸炎の場合によく出てくるのがブドウをメインにした食事です。

この場合も、紫色のブドウを食べます。マスカットではなくて、紫の濃いものを使います。巨峰でもピオーネでも、もちろんいいです。

質問者B　最近はよくコンコードのジュースがありますが、ジュースではだめですか。

光田　ジュースを飲んでもよいです。

エドガー・ケイシーは「ウェルチのジュースにしなさい」とよく言いました。

アメリカのジュースメーカーの名前ですが、最近、日本の飲料会社からも発売されています。ウェルチのコンコードのブドウジュースが出ていますから、それを飲んでもよいです。もちろん、日本産のジュースでもグッドです。

それにプラスして、ひまし油パックや整骨をする。場合によっては、腸内洗浄もする。

痛いときには、潰瘍性大腸炎であればブドウパックが一番手っ取り早いです。

先ほど申し上げたように、皮ごと潰すのがポイントです。

ブドウは、皮のほうに重要な成分が結構あるためです。

ただし、種は潰してはいけません。

質問者B　食べるときも皮を食べたほうがいいのですか。

光田　食べられれば、食べたほうがよいです。

ただし、種は食べない。

あるいは、少なくとも、種をかじって潰さない。

大便に無傷でそのまま出ればいいですけど、かじってしまうと種の中から「私を食べないで」、「私を壊さないで」という成分が出て、体に好ましくない影響を与えます。

だって、種の身になってみれば壊してほしくないですものね。大便として出て、よそで成長したいわけです。食べられることについては気にしないけれど、かじられることは気にしています。

自然の営みを理解するとそうなりますよね。

◇梅干しの種は食べてもOK？

質問者C　今の種のお話ですが、梅干しの種を割って、中の核を食べる健康法をやっている人が結構います。

その種はどうなのでしょうか。種の中の白い核の部分は本当に小さくて、割とおいしいのですけれども。

光田　これは微妙なところがあって、少量であれば健康によい場合もあるでしょう。

1粒、2粒くらいであればよいのです。これが多過ぎるとよろしくない。

質問者C　具体的にどういう作用があるのですか。

光田　あのタイプの種の中には、アミグダリンという成分が含まれていて、これはシアン化合物の一種です。

もともとは微弱な毒で、少量であれば体を引き締める働きがある。エドガー・ケイシーが一番よく言ったのは、がんにかかりにくくする作用があるということです。

ただし、量が多いとシアン化合物が増え過ぎてしまって、身体に負担になります。ほどよいころ合いというのがあるわけです。

だからケイシーは、アーモンドもよく食べろと言いますが、ビターアーモンドについては2~3粒を上限としています。

というもの、スイートアーモンドの場合は、15~16粒くらい食べても問題ないのですが、ビターアーモンドはアミグダリンの量が非常に多いからです。

日本には通常、ビターは入ってこないので気にすることはありませんが。私もビターはめったに輸入しません。

質問者C　普通の生アーモンドとして売っているのはスイートなのですか。

光田　スイートです。少なくとも日本で見るものは、輸入の規制がかかっている関係でスイートですね。特別なルートで個人輸入をしない限り、ビターアーモンドは手に入りません。

◇更年期障害に大活躍するアイテムたち

質問者D　先ほど、更年期障害の話題も出ていました。お医者さんに行くとホルモン補充療法などもあります。植物でホルモン作用のあるハーブもたくさんあると思いますが、特にケイシーがリーディングで勧めていた植物とかオイルはありますか。

光田　更年期についてはリーディング情報がかなりあります。サプリメントとしては「トリシン」などがありますが、ケイシーは、そういうものよりも、アトミダインの服用を圧倒的に勧めています。

更年期は分泌腺のトラブルなので、甲状腺を直接刺激するという方法で更年期をコントロールするということです。

それ以外に、飲むものとしてはビタミンがそれなりにあります。

あとは、「カリサエキス」というのが結構出てきて、いろいろな人に勧められています。更年期でハーブと言えば、これの登場頻度が一番高いかもしれません。

私自身が使ったことはないのでコメントしづらいのですが、リーディングの内容から察するに、醸造アルコールの一種で、薬用酒みたいな感じなのではないかと思います。

質問者D　「女性ホルモン値を上げるには、朝鮮ニンジンを摂取するといい」という話を聞くこともあります。

光田　それは確かにありますね。

ケイシーの場合は、朝鮮ニンジンではなく、アメリカの薬用ニンジンで「アメリカンジンセン」と言われるものを勧めました。

両者は少し薬効が違います。アジアの朝鮮ニンジンは体を温めるタイプですが、アメリカンジンセンはどちらかというと体を冷やすと言われているので、日本人には朝鮮ニンジンのほうがいいかもしれません。

けれど、ケイシー療法では、更年期障害の場合に飲むのであれば、そういうサプリメントよりもアトミダインを指示されることが数倍も多いです。私が調べた限りではね。

それ以外には、やはり骨の調整が多いです。あとはインピーダンス装置というケイシー療法独自の装置がありますから、そういったものも使います。

◇まぶたの痙攣へのリーディング

質問者E　婦人科系ではないのですが、まぶたの痙攣《けいれん》があります。上まぶたと下のまぶたとの痙攣では、原因は違うのでしょうか。

光田　上下で原因が違うかどうかはわからないですが、眼瞼《がんけん》痙攣のリーディングはあります。

60歳男性のケースですが、神経の消耗により目が疲労していると、まずケイシーは言っています。

そして意外なことに、神経の消耗を軽減するためには腸内洗浄をしなさい、と。この人はそのおかげで治癒したと記録されています。

また、別の45歳男性のケースでは、ひまし油をまぶたの上に塗っています。この男性は、上まぶたと下まぶたの両方に、1日に4回から10回痙攣が起きていた。眼科の先生から強い薬をもらったけれども、それでは治らなかった。

そこで、ひまし油をまぶたの上下両方にすり込んだら、6日目に眼瞼痙攣が治った。本人としては恒久的に治ったと思った、でも、チョコレートキャンディーを食べたら、また始まった、とあります（笑）。

最終的には、今のところ、1日1回か2回、毎日ひまし油を塗っていれば、眼瞼痙攣は少なくともない。お砂糖とカフェインはやめた。その結果、まぶたの痙攣はなくなった、と報告されています。

治療法は非常に簡単で安上がりだったけれども効いたみたいですね。まぶたにひまし油のマッサージがいいかもわからないですね。

質問者E　ひまし油をまぶたにつけた場合は、重曹等で拭き取る必要はないですか。

ずっとつけっ放しでいいですか。

光田　拭き取る必要はないです。つけっ放しで大丈夫です。

この男性の場合は、目に差すのではなく、まぶたに直接塗ってマッサージしたみたいです。１日2回ほどすり込んだと書いてあります。

いろいろなリーディングがありますね。

◇足がつる人にはエプソム塩と腸の浄化がお勧め

質問者F　このごろ明け方に、足がひんぱんにつります。

今の話を聞いていて、ひまし油をふくらはぎに塗ってみようかなと思っているのですが、他に何かありますか。

光田　リーディングを検索してみると、足がつるケースは結構あって、10件はありますね。意外に腸内洗浄が効くようです。

ちょうどいいリーディングがあります。

56歳の女性にエプソムソルトの飽和溶液のパックを勧めています。熱くしたエプソム塩の飽和溶液にタオルを浸して、そのタオルでパックをします。もしパックが面倒であれば、寝る前にエプソム塩で足湯をするのも1つの手ですね。この場合にはいくらか深いバケツタイプの容器で、足先だけではなく、ふくらはぎあたりまで足湯してもよいと思います。

もう1つのリーディングでは、足がつる原因として胃腸のトラブルが指摘されています。

胃腸の具合が原因で足がつる。だから、腸内洗浄とか、場合によってはひまし油パックでもいいでしょう。

まとめると、内部から治療するのであれば腸内洗浄やひまし油パック、外からやるのであれば、足に対して直接エプソム塩の飽和溶液の温熱パックをするのがよいかもしれません。

さらに、これは時々出るパターンなのですが、アヘンチンキとアコナイトの混合液をつけるといい、とケイシーは教えています。

ただし、両方とも一般には手に入りません。片方がアヘンで、もう一方がトリカブトですから（笑）。

そういうやり方もあるということです。

質問者F　それは足がつってからの方法ではなくて、予防のためですか。

光田　はい、これは寝る前に、予防のためにやります。

それ以外にもやっぱり腸内洗浄は有望ですね。

足がつるのに対する治療法として、腸内洗浄という意外な組み合わせがケイシー療法的でいいですね。これも原因は大腸の毒素ですから、腸内洗浄が効くのですね。

また、マッサージもよいです。

質問者F　私はふくらはぎがつることが多いですが、足の親指や、足の裏もごくたまにつることがあります。

場所はどこであってもやはり腸ですか。

光田　はい、腸内洗浄が意外にも勧められています。

もし腸内洗浄が嫌であれば、キャストリアを使うのもありですね。先ほども話が出ましたが、センナベースの幼児用の下剤です。

質問者F　それもテンプルビューティフルさんで扱っていますか。

光田　テンプルビューティフルでは扱ってないので、輸入することになります。

いずれにしろ、マッサージをしておくのと、腸内洗浄をしておくというのが有望だと思います。

寝ているときに時々足がつる場合も、やはりマッサージと腸内洗浄が有望です。

マッサージは、ピーナッツオイルとオリーブオイル半々のものがいいです。だから、「大地と光のマッサージオイル」でいいのではないかな。あとは腸内洗浄です。

これとよく似た事例で、歯ぎしりがあります。

エドガー・ケイシーは、歯ぎしりする理由は、おなかの中にまだ食べ物が残っていて、無意識に噛《か》もうとするからだと主張します。

なので、「寝る前にご飯を食べるな」と助言しています。

それ以外にもいくつか歯ぎしりの理由はありますが、胃腸の中に食べ物が残っているときに特に歯ぎしりをするそうです。

◇ひまし油のやり過ぎはNG、自己浄化力を弱めてしまう

質問者G　最近毎日、目にひまし油を垂らして寝ているのですが、とても調子がよいです。

ところが、ここ2～3日、浜松に行っておりまして、黄砂の影響かどうか、ひまし油をつけないで寝たら、次の日、目が真っ赤になりました。

つけたらまたよくなったのですが、ひまし油はずっとつけ続けてもよいものでしょうか。

光田　つけ続けてもかまわないですけども、ひまし油パックと同じように、時々、休止期間を設けるのも大事ですね。

３日やって４日休むとか、周期的にやる。

ずっと継続するよりも、時々休みを入れたほうがよいはずです。

質問者H　朝と夜お風呂から出るとき、化粧水代わりに顔にひまし油をすり込んだら、

すごく肌の調子がいいので、毎日そうしています。

私も毎日続けるのはどうなのだろうと思っていました。

光田　気にするほど何かまずいことが起きることはないと思いますが、時々休みを入れてもよいように思います。

私のお勧めは休みを入れる、ですね。

質問者H　ずっと毎日やりっ放しにする場合もありますか。

光田　あります。例えば、白内障があって早く治したいとか、緑内障があって治したいとか、そういう人は結構長くやります。

ですが、健康な人の場合は、適当に休みを入れたほうがよいと思います。というのも、ずっとやると、今度はそれに依存するようになるからです。それはあまり好ましくないですね。

どういうことかというと、腸内洗浄も毎日やると、確かにしばらくは腸がとてもきれいなのですが、腸内洗浄で出すことが普通になってしまって、自力排便しなくなってしまうのです。そうするとかえってよろしくない。

腸内洗浄の場合にも、必要なときは短期間毎日やったとしても、せいぜい１カ月くらいにして、それ以降は週に１回とか、だんだんと間隔を延ばしていきます。私は、今は年に４回くらいのペースです。やり過ぎると、それに頼る体になってしまうので、それを避けるために、適当に休止期間を設ける。

これはケイシー療法でとても重要なことです。

◇ケイシーの説く「よい排泄」とは？

質問者Ｉ　ケイシーは洗浄をすごく大事にしていますよね。例えば排便なら、便秘の経験が今まで一度もなく、そして前日の夜に食べたものが、翌日の朝からお昼にはすべて排便できる。それで便臭がないとか、そういう状態が「排泄がいい」ということなのでしょうか。

女性に多い便秘などはもちろん排泄不良なのでしょうが、排泄が良好／不良というのはどういう状態のことなのでしょうか。

光田　よいご質問です。

毎日排便があるからといって、排泄が良好とは限らない。これはケイシーがよく言う言い方です。

では、どういう排泄がよいか。まず腸の状態で言うと、便に粘液が絡まっていない状態。妙なねっとり感がない大便です。

質問者I　犬の場合、寄生虫などがいると、たまに粘液が絡んでいるような便を見ることがありますが、自分の場合はありません。

光田　1つの目安は、お尻を拭いたときに、トイレットペーパーにほとんどつかないような便かどうかです。

いつまでも付着するような便が出るのは、腸内の粘液が少し過剰なので、その場合には何かしらの対処をしたほうがよいということです。

私は若いころ、完全菜食主義を1カ月くらいやりました。

穀物も全部玄米で、肉食は完全にやめて、ほとんど葉物の野菜です。

そのような、ケイシーが言うところの野菜中心の食事で、なおかつ魚類も食べない状態にしたら、私自身の便が丸くなりました。ウサギのように丸くなります。いや、ウサギほど小さくはならないですが、ヤギの便のように丸くなります（笑）。

私は自分の経験で、菜食にして野菜が増えると、便がコロコロしてくるのを知っています。そのときには非常に健康な便になります。

炭水化物や肉類が増えてくると、ねとっとしてきます。そうすると、お尻を拭いたときに、何回拭いてもペーパーに残ってしまうような感じになります。

菜食をしているときには、ほとんどペーパーにつきません。

質問者Ｉ　すごくよくわかりました。ひまし油パックをすると、用を足すとき、紙で拭く必要がありません。

光田　そうでしょう。きれいに出ますものね。

それが１つの判断材料になると思います。

私も実験が大好きですから、自分の体でいろいろ実験しています。

◇リンゴダイエットで割れ爪がきれいに！

質問者J　先生のご著書を読んで、リンゴを3日間食べ続けるという「リンゴダイエット」を、ちょうど今やっています。

今日が3日目なので、夜にオリーブオイルを2杯飲む予定です。

明日からは普通の食事に戻していいですか。

また、何か気をつけることはありますか。

光田　普通の食事でもよいのですが、少しずつ慣らしたほうがよいので、しばらくは消化のよいもの、それからガスの出づらいものを食べるとよいです。

質問者J　お肉は控え目ですか。

光田　せっかくですから控え目がよいです。

言ってみれば、ちょうど今はおなかがリセットされた状態です。

これから新たに腸内細菌が増えていくことを考えれば、いいものを増やしたほうがいいですね。だから、いきなりすぐにラーメンとかを食べるとアウトです。

質問者J　やっぱりそうなのですね。お酒もあまりよくないですか。

光田　今から腸内細菌を自分でいい具合に培養するところだと思えばわかりやすいです。

そうすれば、おのずと食べるべきものが絞られてくるというか、よい判断ができますよね。

リンゴダイエットを３日やって、体調はどうですか。

質問者J　すごくすっきりしています。

私は爪がずっと割れていて、それが何年も治らなくて気になっていました。でも今朝爪を見たら、きれいになっていたので、もしかして内臓も元気になっているのかなと思いました。

光田　内臓ですよね。爪が割れるということは、基本的に甲状腺のトラブルがあったのでしょうね。

質問者J　そうなのですか。では、さっきのアトミダインとかもいいのですか。

光田　そうですね。でも、アトミダインを使わなくても、リンゴダイエットによって、もう甲状腺のトラブルは解消されてきた。全体のバランスがよくなった。
よい成果があって喜ばしいです。

質問者J　体も軽くて、びっくりしています。

光田　軽くなりますよね。でも、リンゴダイエット中は、運動とかは控え目にしてください。

下手に運動すると倒れます。

おなかは空いていないけれど、体力は落ちていますから。

質問者J　たしかに昨日、アーユルヴェーダの結構激しいリンパマッサージをやってもらったら、その後くたくたになってしまって……。

光田　疲れます。体力が落ちていますから気をつけてください。

◇貝殻から作られるサプリ「カルシオス」

質問者K　ケイシー療法で使われる「カルシオス」というサプリメントですが、どのような成分なのでしょうか、また、どうやって作られているのですか。

光田　カルシオスの成分は、基本的に、貝殻を割って作ったカルシウムです。

ケイシーは、カルシオスに含まれているのは、非常に人体に吸収しやすいカルシウムだと言っています。

食べ方はほとんど決まっていて、クラッカーにちょうどバターのごとくにカルシオスを薄く塗って食べます。

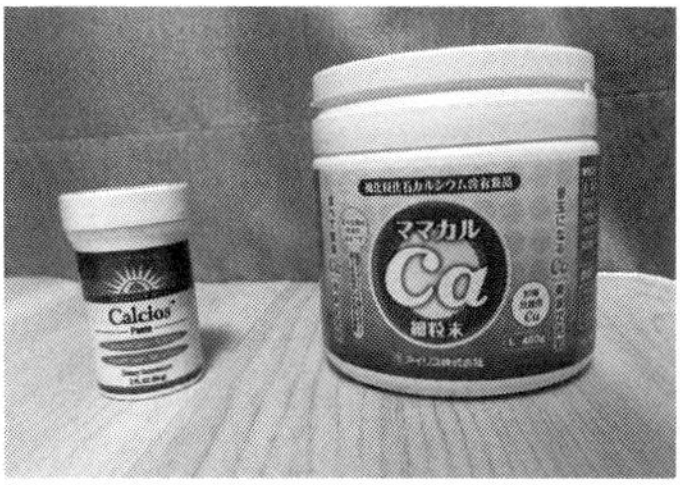

カルシオスとママカル

だいたいクラッカー2枚分食べれば、その日に吸収するべきカルシウムを摂ることができる、とケイシーは言います。

特に妊婦さんのリーディングではよく出てきます。

他にもカルシウムが必要な人、足りてない人の場合に、カルシオスはよく指示されますね。めったに食べませんが、我が家にも1個あります。

ケイシーが、カルシオスをそれだけで直接食べさせたことはありません。必ず何かと一緒に食べて、消化吸収させる形です。

質問者K カルシオスも個人輸入するのですか。

光田 個人輸入です。小さい瓶に入っています。日本製でカルシオスに近いものとしては、「ママカル」という製品があります。

■卵巣炎・乳腺腫

卵巣炎のお話もしておきましょう。

卵巣炎のリーディングは39件あります。若い人では13歳くらいから始まって、52歳くらいまでの範囲です。

卵巣炎の治療法としては、膣洗浄が第一候補です。使う溶液はアトミダインです。

それ以外には骨盤の調整です。

それから、卵巣炎の場合、なぜか腎臓からの排尿を刺激することが強調されます。

そのためにケイシー療法ではスイカの種茶、もしくはコーラシロップを使います。

日本で作られているクラフトコーラ

スイカの種

◇コーラシロップやスイカの種茶で排尿を促す

「コーラシロップ」というのは、コーラの原液のことです。

白砂糖が入っていないので、ケイシーは治療目的でよくコーラシロップを使いました。

やり方としては、コーラシロップを10倍くらいに薄めて飲むのですが、夏場、氷を入れて飲むと非常においしいです。

日本でも「クラフトコーラ」という括りで、漢方薬っぽいものから、トロピカルジュースみたいなものまで、さまざまな種類が売られています。

あとは「スイカの種茶」ですね。

市販のものでもよいし、自分で作ってもよいです。あるいは、スイカの身を食べてもよろしいでしょう。スイカの種茶は排尿促進に非常に効きます。

自作の場合はどうするのかというと、まずスイカの種をきれいに乾燥させて、そして砕きます。インド料理の食材店でスイカの種を買うとさらに便利です。トンカチや肉たたきなど適当な道具で砕いて、白っぽい粉にします。フードプロセッサで砕くと一瞬でできます。

飲み方は、だいたい小さじ1杯分を茶こしに入れて、そこに熱湯をかけ、茶こしに入れた状態で、そのまま5分くらい放置します。

5分たったところで茶こしをどけると、少し白みがかった、ちょっとトロッとしたお茶ができます。

これを湯飲みに1杯分くらい飲むと、少々お小水の遠い人でも、たぶん30分後くらいには尿が出ます。

腎臓をきれいにすると、どうやら卵巣炎にとてもよい成果があるらしいです。

卵巣と腎臓がほどほど近いところにあるというのもあるかもしれませんが、なぜかケイシーは卵巣炎のときには腎臓をきれいにすることをよく勧めます。

◇マッサージ器は背骨を挟めるダブルヘッド型がベスト

それ以外の対処法としては、アトミダインを使った膣洗浄、それから、ひまし油パックも効くはずです。

あとは、骨盤矯正。

これらも卵巣炎のときに勧められています。

具体的なリーディングを調べてみましょう。

ある女性は、週に3回ほどアトミダインを使った膣洗浄をするように指示されています。この人の場合は、2リットルに対して大さじ1杯のアトミダインです。大さじ1杯というのは小さじ3杯分で、15ccです。

それから、これもよく出てきますが、電動マッサージ器を使って骨盤から背中のあたりを刺激する。

我が家も電動マッサージ器を2種類くらい持っています。ケイシーが一番勧めたのは、背骨の両側に当てられるようになっている、両方にヘッドがあるタイプです。

でも、こうしたタイプが最近販売されていないので、しょうがないからヘッドが1つのものを使っています。本当は背骨を挟んでやるようなタイプがベストなのですが。さもなければ、マッサージチェアでも効果はあると思います。

あとは、ケイシーのいつもどおりの食事療法ですね。ベーシックな食事療法が勧められています。

場合によっては、グライコサイモリンの原液を使った湿布も有効です。この場合は、温湿布がよいでしょう。これを卵巣のあたりに施します。

質問者L　コーラシロップのおもだった効果も腎臓の浄化ですか。

光田　そうです。腎臓をきれいにします。それ以外の効果は私の記憶にはありません。腎臓をきれいにすることで、ニキビや胆嚢炎《たんのうえん》や腎炎を治す効果もあります。

質問者L　腎臓を浄化するなら、結石の予防にもなりますか。

光田　結石は、また別ものですが、治るかもわからないです。でも、結石にコーラシロップを勧めたリーディングは記憶がないです。

結石にはケイシー療法で他にいくつか方法があります。

まず腸内洗浄が勧められます。

それ以外に、マッサージも有望です。

腎臓結石ではないですが、ひまし油パックで胆石が出たという人が何人かいます。

◇乳腺腫にはオオバコローションを

婦人科系のトラブルで、他に出てくるものとしては乳腺腫があります。

乳腺の問題のときにケイシーが勧めているのは、ココアバターのマッサージとオオバコのローションです。

オオバコのローションの作り方は、本シリーズ第2巻「がん」の回で説明しましたね。

オオバコローションを乳腺の腫れているところに当てるという方法でも効果が期待できます。

＊　＊　＊

皆さん、ケイシー療法にだいぶ詳しくなってきたことでしょう。

こういう症状のときには、たぶんこうすればいいだろうなという当たりがつくようになったはずです。

実際、私もリーディングを調べるときに、「ケイシーなら、きっとこういうアドバイスをするだろうな」と当たりがつくようになっています。

このように、経験を積んでいくと、未知の病気についても、何となく予測ができるようになります。

例えば、以前にご質問のあった蜂窩織炎《ほうかしきえん》へのアドバイスは、探してもケイシー療法の中には見つかりませんが、「ケイシーならきっとこう勧めるだろう」と推測がついて、実際、それをお勧めするとちゃんと成果が出るのです。すばらしいですね。

第 2 部

ケイシー療法と男性科疾患

（前立腺疾患など）

第1部では婦人科疾患を取り上げましたが、「それでは、男性特有の病気にはどう対処するのだろう?」という疑問も当然湧いてくると思います。

そこで、この第2部では、男性科疾患に対するケイシー療法について、お話しさせていただきたいと思います。

ここでは、前立腺肥大と前立腺炎について見ていきましょう。

■前立腺肥大

◇前立腺肥大の原因

前立腺肥大は、前立腺周辺の血液循環の低下と、血液の質の低下の2つが、まずは直接的な原因です。

その中の血流の低下の原因としては、

・腰椎や仙骨・尾骨の歪み
・臓器下垂による前立腺の圧迫

などが考えられます。

◇前立腺肥大へのリーディング——適切な減糖と循環アップ

前立腺肥大に関しては、次の59歳男性のリーディングが参考になります。この人はリーディングの指示に従うことで、前立腺肥大を克服しました。

菓子類を減らし、口に入れるあらゆる成分に含まれる大量の砂糖を減らす必要がある。体内の糖分は、過剰な砂糖を含む菓子類や甘いものからではなく、その大半を果物や野菜から摂取する必要がある。

しかしながら、これを一度に減らそうとしてはならない。しかし、1日に摂取する砂糖の量は、（野菜や果物などに含まれる天然の糖分の他に）5ドラムを超えてはならない。よろしいかな？　つまり、大さじ1杯くらいが限度である。

これが体全体に及ぼす影響として、体重が増加する傾向がある。

それ故に、炭水化物を減らすことと、体内の循環活動を変えるような運動することで、物質面から障害をよくすることができるだろう。これは、生殖器周辺の分泌腺が、全体的な活動に比べて肥大する傾向に対しても、とても有効だろう。

歩くことは優れた運動であるが、朝起きてすぐと、夜寝る直前に、足を頭の上までできるだけ高く持ってくる運動――これはもちろん仰向けに寝ころんでの話だが――がもっとおこなわれるべきである。これは、初め少しきついだろう。そして仰向けの状態で自転車のペダルをこぐ運動をたくさんやること。よろしいかな。

また、睾丸《こうがん》につながる部位にある分泌腺を、次のような方法で調整したものでマッサージする。

溶かしたココアバター2分の1オンス（約14グラム）に対して、2分の1オンスのオリーブオイルを加え、さらにその後で2分の1オンスのミルラチンキを加える。これは、使用しないでいると再び固まるが、よく攪拌《かくはん》して、ごく少量を、体のその部位につながる部位と分泌腺にマッサージしてすり込むのである。よろしいかな？

アルカリ性の傾向のある食事を守ること。あまりたくさんの肉を食べてはならない。肉を食べる場合は、ラム（子羊）か魚、鳥にする――できれば直火で焼いたものか、ボイルしたものが望ましい。赤い肉、脂っぽい牛肉、その他、脂っこい肉類は一切食べない。よろしいかな？

これらを実行せよ。そうすれば、この体は徐々にもっと正常な状態に戻っていくだろう。

（322―3）


私も、前立腺のトラブルをかかえている人のために、このリーディングで指示されている特殊なオイルを数回作ったことがあります。

ミルラチンキを入手するのが少し手間ですが、実際に作るのはそれほど難しくありません。

ただし、私の作ったオイルを使った人が、その後、前立腺のトラブルを克服したかどうかは不明ですが……。

■前立腺炎

前立腺炎に関しては、20歳から72歳までの男性に対して、全部で95件のリーディングが与えられています。

◇前立腺炎の原因

最もひんぱんに指摘されるのは排泄不良であり、とりわけ腎臓と膀胱のトラブルです。

それらのトラブルを引き起こした原因をさらにさかのぼると、神経のアンバランスが腎臓の働きを阻害しているケースや、血中の尿酸濃度が高いために腎臓の働きを阻害しているケース、怒りの感情が影響しているケース、インフルエンザの後遺症が影響しているケースなど、さまざまな不調が関係していることが指摘されています。

◇前立腺炎の治療法

ケイシーの時代には、前立腺の循環を刺激する「エリオットマシン」という治療器具が中心的な治療法としてひんぱんに指示されました。

しかし、このマシンはすでに製造中止になっているので、それに代わるものとして、次のような治療法が提案できます。

＊食事療法として、新鮮な葉物野菜を多く摂り、獣肉や香辛料、砂糖、アルコールは大幅に控えるようにする。

＊オステオパシーなどによって脊柱の調整をおこなう。

＊首出しサウナ、エプソム塩浴、腰湯、腸内洗浄などのハイドロセラピー（水を用いた療法）をおこない、その後で全身のオイルマッサージを施す。特に、腰湯が利用できる場合は、温冷水浴が有望。
＊恥骨部あるいは仙骨・尾骨に対して、グライコサイモリン（またはアルカサイモリン）のパックやエプソム塩のパックを施す。
＊ケースによってはインピーダンス装置による治療をおこなう。

ケースによっては、自転車こぎ体操や尻歩きも有望です。これらの運動は特に寝る前におこなうのが重要です。

■インポテンツ

◇神経と内分泌腺の乱れが原因か

インポテンツに関しては8件のリーディングが残されています。あまり数は多くありませんが、かなり共通した原因と治療法が勧められていますので、試す価値はあると思います。

インポテンツに関するお問い合わせは、これまでも何度も受けてきましたが、意外なことに、男性から相談されたケースよりも、女性から相談されたケースのほうが多いです。

リーディングを調べてみると、インポテンツの最終的な原因は自律神経と中枢神経の協調が損なわれたケースか、内分泌腺の働きが乱れたケースに分かれるように思われます。

神経のバランスが乱れる原因としては、精神的なストレスが要因になっているケースと、脊椎の歪みが原因になっているケースになります。

内分泌腺の乱れについては、同じような原因が指摘されることもあれば、前世に原因があるとされたものもあります。

また血液のバイタリティーが低下してインポテンツを生じているケースもあります。

◇食事療法に脊柱マッサージ

勧められる治療法としては、まずケイシーの勧める食事療法を励行します。特に血液のバイタリティーを上げるために、レバーを食べること、ビタミンA、D、B_1を多く含むものを食べることが勧められます。

自律神経と中枢神経のバランスを回復するためには、脊柱へのオイルマッサージが勧められます。この場合、使用するオイルは、ケイシー療法の定番であるオリーブオイルとピーナッツオイルの混合オイルが第一候補です。

背骨の両側に沿って、椎骨の数に合わせて、左右それぞれに小さな円を描くようなマッサージを施します。これを週に数回、お風呂上がりに15分くらい施してもらいます。

腸内洗浄によって大腸をきれいにすることも有望です。

肝臓と腎臓の機能を高めるように指示された人もいます。

◇温冷水浴、前向きな精神も大切

下腹部に対して、温冷水浴をするのも有望です。

やり方としては、温水のシャワーと冷水のシャワーを分単位くらいで切り替えながら、下腹部に当てます。あるいは、熱いお湯の入ったタライと、冷たい水の入ったタライを用意し、温水と冷水に数分ずつ腰湯することを繰り返すという方法もあります。

内分泌腺の働きが乱れている場合には、人生の小さな出来事にくよくよしない精神を培《つちか》うこと、神の与え給《たま》われた性の神秘を讃えるような意識を培うことがまずは大事です。

その上で、必要であれば、分泌腺のバランスを回復するためにケイシーが考案したアトミダインという薬剤の服用を検討することです。

■性病（梅毒、淋病）

性病を患う男性に対しては、全部で36件のリーディングが残されています。その内訳は、梅毒と淋病がそれぞれ14件ずつで、その他が8件になります。

男性の場合、治療の中心は食事療法と尿道洗浄とアトミダインの服用になります。食事療法とアトミダインの服用は女性の場合と同じですが、男性の場合は、アルコールとタバコの禁止も強く求められていました。

膣洗浄と比べて、尿道シリンジは相当に痛みを伴うようですが、尿道洗浄によって尿道が狭窄《きょうさく》を起こすのを防ぐとともに、膀胱を除菌します。

体内に残っている病原菌の強さにもよりますが、毎日から週に数回のペースで、尿道シリンジを用いて尿道と膀胱の洗浄を行います。

使用する溶液は、アトミダインを希釈したもので、1オンスの水に10滴くらい溶かしたものから、小さじ1杯のアトミダインを2オンスの水に溶かした程度が勧められます。

また、朝、何も食べていない段階で、グラス半分の水にアトミダインを５滴ほど溶かして飲むことも勧められます。

首出しサウナで、体内毒素を出すことを勧められた人もいます。

■不妊（男性側）

不妊の原因として、男性側の状態が指摘されたケースが12件ほどあります。

身心の生命力が弱っていると、必然的に精子の生命力も低下するらしく、ほとんどのリーディングはバイタリティーを回復するためのアドバイスを与えています。

その他には、内分泌腺の働きが低下していることが指摘されるケースもあります。

そのような状態を引き起こす原因として、さらに排泄不良やストレス、循環不良が指摘されています。

かなりの男性が「小麦胚芽」を服用することを勧められています。

次に多いのが「塩化金」の服用です。

内分泌腺のバランスを回復し、身心のバイタリティーを回復する目的で、脊柱へのオイルマッサージもかなりのケースで勧められています。頻度としては、週に1回くらいのペースが多いです。

興味深いケースとして、過去生で神父をしていたために、今回の人生ではなかなか子どもを持ちにくいと指摘された男性もいました。そうなると、子どもを授けてくださるように神に祈ることも大切です。

第 3 部

ケイシー療法とコロナ感染対策

（予防・治療・後遺症）

■ケイシー流の感染対策とは？

２０１９年の暮れに、強い感染力と毒性を持つ「新型コロナ」が武漢で発生したというニュースが流れたとき、私はすぐに、ケイシーのリーディングが勧める感染対策をまとめ、Facebook や YouTube などで発信しました。

私のこの情報は数万人の方々に届いたようで、リーディングの勧める感染対策をおこなったおかげで、「コロナが軽症で済んだ」、「肺炎からの回復が大いに促進された」等々の嬉しい報告を多数いただきました。

ここ最近（２０２２年）増えてきたのは、コロナ感染後の後遺症とワクチン接種後の後遺症に悩んでおられる方々からのご相談です。

コロナとワクチン後遺症に対してとりうるケイシー療法の知恵も、きっとお役に立つことと思いますので、本書のもとになった講演会には含まれておりませんが、ここに新たに第3部を設けてお伝えいたします。

■インフルエンザ／コロナ

ケイシーのリーディングには「コロナ」についての記述は見当たりません。

でも、ここでは、「インフルエンザに関するリーディングの主張は、おおむねコロナに対しても当てはまる」という立場で、インフルエンザとコロナに対するケイシー療法での取り組み方を説明することにいたします。

リーディングを調べるとインフルエンザに関するものが１２８件見つかります。

そのうち約80パーセントに相当する１０２件が、インフルエンザの後遺症に関するものです。

つまり、インフルエンザやコロナは「治癒」したかに思えて、実際には、人体のさまざまな部位に居残り、てんかんや潰瘍性大腸炎、クローン病、胸膜炎、神経衰弱、血毒症、不妊など、まったく思いも寄らぬ後遺障害をもたらす可能性があるのです。

その場合、障害を受けた組織の修復を図ったり、原因となっている潜伏ウイルスを取り除いたりしない限り、治癒が得られないことになります。

まず、ケイシー療法によるインフルエンザとコロナの予防法と感染時の手当て法について解説いたします。

◇インフルエンザ／コロナの予防・手当ての「十戒」

インフルエンザ／コロナの予防策は、（神が人体に備え給うた）免疫を高めることに尽きます。

インフルエンザもコロナもRNAタイプのウイルスに属します。

これらのRNAタイプウイルスは変異が激しいため、ワクチンで抑えることは無理な話で、とにかく、自分の免疫を最良の状態に保つことが重要です。

そして、万一感染したなら、しっかり免疫を発動させて、後遺症を残さないように治し切ることとです。

ケイシーの勧める予防法ならびに発症時の手当ての要点を「モーゼの十戒」風にまとめると、次のようになります。

一、汝《なんじ》、血液を汚す豚肉と揚げ物は食べるべからず。
二、汝、血液を浄化する野菜として、新鮮なクレソン、レタス、セロリを生でたくさん食べよ。
三、汝、血液の凝固力を上げるために、ニンジンを生でたくさん食べよ。
四、汝、体質をアルカリにするために、柑橘系の果物を食間に（炭水化物の摂取から2時間は空けて）よく食べよ。
五、汝、呼吸器系の細胞の抵抗力を高めるために、アップルブランデーの蒸気を1日に数回数分吸入せよ。
六、汝、人混みの中に入るときには、あらかじめアトミダインの5倍希釈液を、喉、鼻、手にスプレーしておくべし。
七、汝、喉に違和感を覚えたなら、すみやかに小さじ3分の1の重曹を、大さじ1杯分のクラッカーの粉やきな粉などに混ぜて飲み込み、30分は喉にへばりつかせ、喉をアルカリ化してウイルスの増殖を抑えよ。

八、汝、万一、痰《たん》がからみはじめたならば、タマネギを蒸してエキスを取り出し、日に数回するべし（154ページ参照）。

九、汝、万一高熱が続くようなら、ピーナッツオイルと麦焼酎の「いいちこ」を半々に混ぜたもので背中をマッサージすべし。

十、汝、ウイルスは紫外線に弱く、夜になると感染力を増すと知って、「夜気《やき》」に当たるべからず。しかし、朝の太陽光線を浴びた新鮮な空気は胸いっぱい吸うべし。

◇補足点とさまざまな場合への対処法（ウイルス曝露《ばくろ》、痰、熱 etc.）

これらの要点について、さらに補足すると次のようになります。

◎豚肉と揚げ物は、血液を汚し、免疫を下げる大きな要因とされる。免疫を損なうこれらの食品の摂取は、できるだけ控えるようにする。

◎睡眠が不足すると、とたんに免疫が下がるので、日々、質のよい睡眠を取る（8時

ニッカのアップルブランデー
V.S.O.P 白

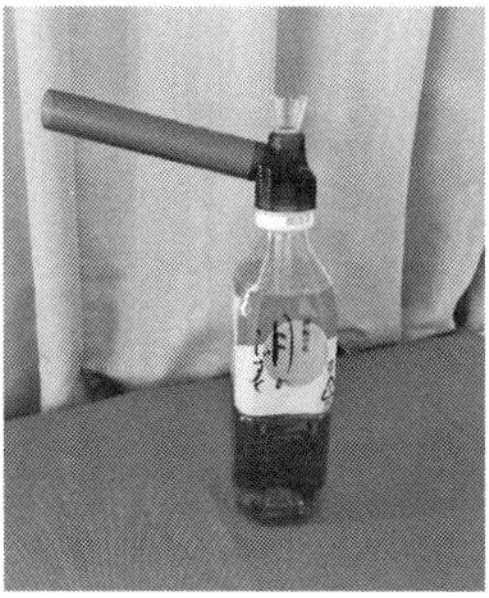
ペットボトルに水パイプをセットした形

間が理想）。
◎気道および肺の細胞を賦活《ふかつ》させ、ウイルスへの耐性を高めるために、アップルブランデーの蒸気を日に数回、1回につき1〜2分吸入する（現時点での私のお勧めは、500ccくらいのペットボトルに、ニッカのアップルブランデーV・S・O・P（白）を半分ほど入れて、そこに水パイプをセットするというもの）。
◎昼食には新鮮な葉物の野菜を、生野菜のままたっぷり食べる。
夜は、根菜類を加えて、温野菜にして食べてもよい。

これによって急速に血液が浄化され、免疫が賦活される。特に、有効な野菜が、クレソン、セロリ、

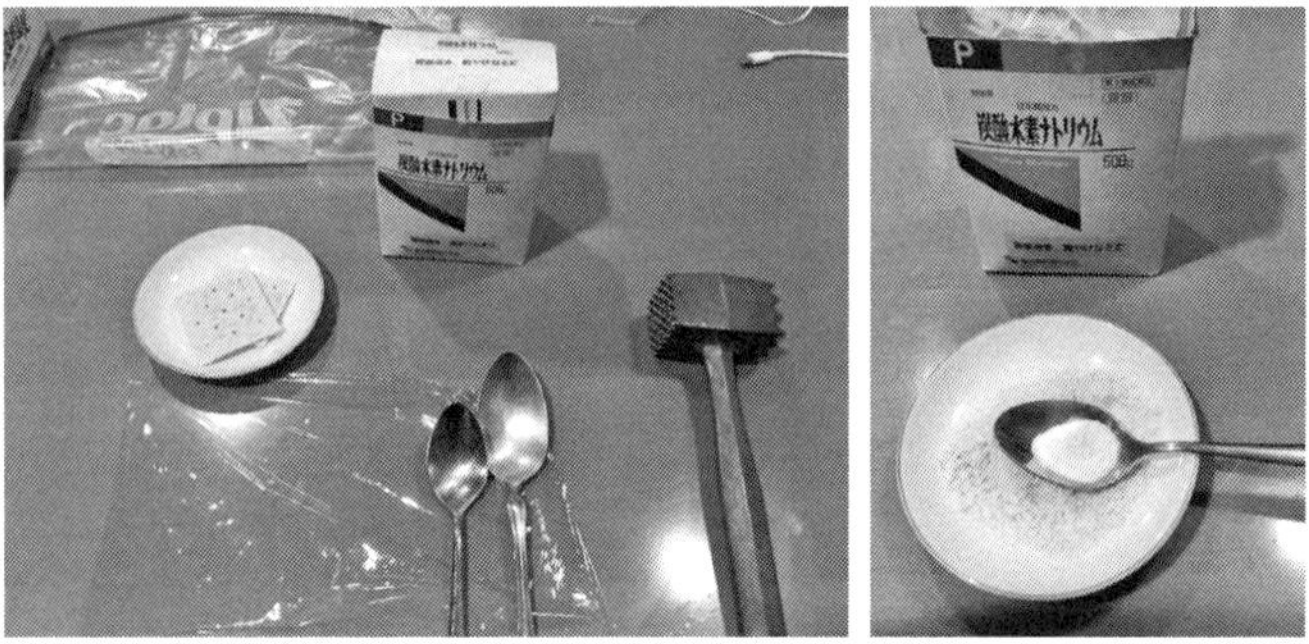

喉の違和感に。2枚のクラッカーを砕いて、重曹を小さじ3分1くらい混ぜる

レタス、ニンジンである。
◎昼食は、野菜を多くして、炭水化物は少な目に。
◎穀物は同じ食事では1種類に限定する（複数の穀物を同じ食事で食べても、消化されるのは1種類だけで、残りの穀物は未消化物となって腸内環境を悪化させる）。
◎体質を弱アルカリに保つために、食間に柑橘系を食べる（柑橘系は決して炭水化物と一緒に食べてはならない。最低でも、炭水化物の摂取から2時間は時間を空ける）。

《ウイルスに曝露して喉に違和感を覚えたなら》

◎外から帰って、喉に違和感を覚えたなら、すみやかに、クラッカーを2枚粉々に砕き、そこに小さじ3分の1の重曹を加えて混ぜ、それを喉にへばりつかせるように飲む。30分は水も飲まず、重曹を喉にへばりつかせておく（ウイルスは、たとえ細胞内に侵入できたとしても、アルカリ性の環境では脱殻《だっかく》することができず、細胞内にRNAを放出することができない。よって、複製・増殖不能となる）。

《呼吸が苦しくなったら》

◎予防法としても使える「アップルブランデーの蒸気の吸入法」の回数を増やし、1日、6〜7回、1回につき1分〜2分、アップルブランデーの蒸気を吸入する。

これで、気道や肺に存在するウイルスをアルコール除菌することができ、かつ、アップルブランデーの蒸気に含まれる成分も呼吸器系の細胞を大いに賦活し、抵抗力を増してくれる。

この方法は小学生くらいなら充分可能である。アップルブランデーは、リンゴの香りが弱くなったら、古いのは捨てて、新しく入れ直す（だいたい1カ月に1回くらいの頻度が目安）。

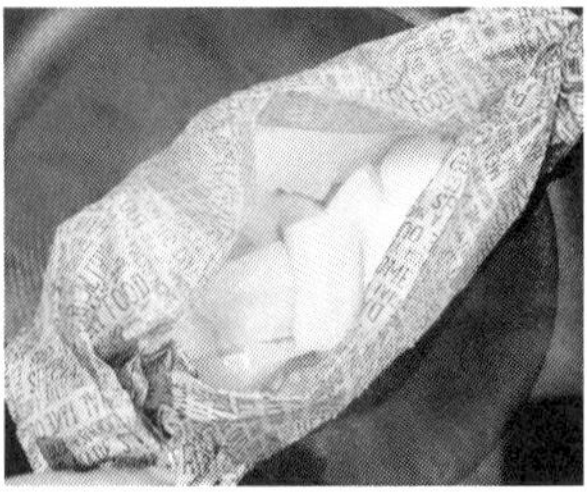

タマネギをクッキングシートに包んで1時間くらい蒸す

1個のタマネギからおちょこ1杯分くらいのエキスが取れる

《痰が出る場合》

◎タマネギをクッキングシートで包んで1時間くらい茹でるか蒸すと、タマネギエキスが取れる。そのエキスを1回につき小さじ1杯程度、数分かけて摂る。これを1時間おきくらいにおこなうと、痰が治まる。

◎または、タマネギをみじん切りにしたものを2センチくらいの厚さになるようガーゼにのせて、それを喉や胸骨、あるいは肺の前面、あるいは背面、側面に貼る。数時間したら、必要に応じて新しいものと取り替える。

《高熱が続いたなら》

◎獲得免疫（IgA、IgM、IgG）ができるときは、38度から39度くらいの熱が一晩出るのが普通であるので、熱冷ましなどは使用しない。

しかし、40度近い高熱が数日続くようなら、オリーブオイルかピーナッツオイルを１００ccと、醸造アルコール（いいちこがお勧め）１００ccを混ぜてよく攪拌したものを、背中、首、脇の下などにすり込む。

これを必要に応じて、日に何度もおこなう。そうすると、体温を安全に下げてくれる。

《体力が低下したら》

◎ビーフジュースを摂る。２００グラム程度の赤身の多い牛肉を用意し、そこから脂身を取り除いた赤身だけのところを1センチ角のサイコロ状に切り、ガラス瓶に入れて3時間程度湯せんする。そうすると、ビーフのエキスができる。
この脂のまったく含まれないビーフのエキスを1回につき5cc程度（小さじ1杯分）数分かけてすするように飲む。これを1日４、５回摂る（41ページも参照）。

《免疫を鍛える》

◎太陽光線の紫外線を浴びたウイルスは、中のＲＮＡが切断されているので、それ自体が不活化された「天然のワクチン」のようなもの。しかも副反応まったくなしの安全なワクチン。

日ごろから免疫を鍛えている方は、太陽光線の降り注いでいる日中は意識的にマスクを外し、浮遊しているかもしれない「天然ワクチン」を吸って、獲得免疫が廃れるのを防ぐ。

◎ウイルスが有効な感染力を持つのは日没後と心得て、夜中に人の多いところは出歩かないようにする。

＊　＊　＊

今回の新型コロナは、遺伝子操作によって人工的に作られたものである可能性が大だと思いますが、たとえ人工的に操作されたウイルスであっても、結局のところ、神が人体に備えてくださった免疫機構によって制圧されます。

日ごろから、自分の免疫を大切にしておきたいところです。自分の免疫こそが、今後、新たに現れるかもしれない怪しいウイルスや病原菌に対しても、最大の防護となってくれるはずです。

■インフルエンザ／コロナ後遺症

次に、インフルエンザとコロナの後遺症についてです。

症状としては、消化不良や大腸炎、疲労感、思考力の低下、てんかん、皮膚炎、手足の麻痺症状など、さまざまな現れ方をします。リーディングを調べてみると、それらの多くが、ウイルスが大腸に病巣を形成したためであるとされています。

そのため、コロナ罹患後に体調がすぐれない方は、大腸を浄化することを試されるとよいかもしれません。具体的には次のようにします。

＊1カ月くらい固形物は食べないで、消化のよい半流動食などを食べて、消化器系に負担を与えない。獣肉や揚げ物などは避ける。葉物の野菜も、温野菜にしたり、すり下ろしたりして食べるようにする。

＊月に2回程度の頻度で、腸内洗浄を施す。大腸の粘液がすっかり出切るまで腸内洗浄をおこなう（腸内洗浄のやり方については、本シリーズ第1巻・第2巻を参照のこと）。

＊薬用ニンジンと天然の生姜エキスとペプシンなどの消化酵素を同時に摂ることで、消化管の働きを助け、活性化する。

＊夜寝る前にサフラン茶を飲んで、腸内を浄化する。

＊腹部に直接ひまし油パックを施す。

＊体力が落ちている場合は、ビーフジュースを作って、日に数回服用する。

＊呼吸器系に後遺症がある場合は、アップルブランデーの蒸気を吸入する方法を試してみる。

塩酸と組み合わせたペプシンがサプリとして販売されている

＊脊柱に歪みがあると、おそらくは神経細胞にウイルスを潜伏させることがある。そのため、脊柱に歪みのある人は、週に2回くらいのペースで整骨治療を受けることが勧められる。

これらを3カ月くらい試されるとよいでしょう。そうすると、ウイルスに冒されていた大腸が正常に戻り、さまざまな症状が改善されることが期待されます。

■ワクチン後遺症

◇ケイシー時代のワクチンに関するリーディング

今回の新型コロナに対しては、人類がこれまで経験したことのないmRNAワクチンが、治験が不十分な段階で接種されることになりました。

ワクチンは、ケイシーの時代にもさまざまなものが開発され、実用に供され、優れた成果を出す一方で、ワクチンの後遺症によって苦しむ人々を生み出しました。

ケイシーの時代にはｍＲＮＡワクチンはありませんでしたが、それまでのワクチンに関しては約60件のリーディングがあります。そのうち、20件が後遺症に関するもの、17件がワクチン接種を警告するものでした。

これらのリーディングをもとに、今回のｍＲＮＡワクチンに対して、どのようなアプローチが可能か、現時点での私の見解を述べてみたいと思います。

まず、基本的にケイシーのリーディングは、ワクチン接種に対しては消極的です。それよりも、免疫を高めるような生活（食事や睡眠、体内浄化など）を心がけることを勧めます。

例えば「自然は科学よりもはるかに優れている」（７５９－13）であるとか、「自然のほうがはるかに優れた薬効成分である」（５２３３－１）などのリーディングにそれが表れています。

感染力と致死率の点で非常に恐れられていた天然痘（２本鎖のＤＮＡ型ウイルス）に対して、ケイシーはこのようなリーディングを残しています。

（問）（子どもに対して）天然痘のワクチン接種は害がありますか？

（答）……たくさんのセロリとレタスを食べさせることだ。そうすれば、ワクチンは必要ないだろう。

（３１７２―２）

子どもの天然痘の予防には、「セロリとレタスを食べていればよい」と言ったのです。もちろんすべての子どもに対して与えたアドバイスではありませんが、われわれの常識を覆すには充分な主張です。

次のリーディングは４歳の女児に与えられたものです。天然痘のワクチンを接種するには血液が良好でないので、しばらくヨウ素とカルシウムを摂るように勧めています。血液が良好になれば、ワクチンを接種してもその害を免れるだろうとアドバイスしました。

（問）天然痘のワクチンは今接種すべきですか。それとも次の春まで待ったほうがよいですか。

（答）血液が今の状態にある間はおこなってはいけない。アトミダインとカルシオスを、少なくとも1カ月ないし6週間摂り続けた後なら可能だろう。その時期にはワクチンが接種できる状態となっているだろう。（1958―4）

◇ワクチン接種後の不調に悩む人々

今回のmRNAワクチンに関しても、接種すべきかどうかのご相談を多く受けましたが、ケイシーのリーディングから考える限り、「避けるのが無難」と答えてまいりました。

しかし、同調圧力が強く、打たざるを得ない方々も大勢おられました。

そういう方々には、あらかじめ血液の質を向上させるような食生活を続けることと、ひまし油パック等の毒素排泄法を実行しておくように助言いたしました。

そして特に強調したのは、「体調の思わしくないときは絶対にワクチンを打たないように」ということでした。

今回のｍＲＮＡワクチンが日本に導入され始めたころ、我々は政府やマスコミから、今回のワクチンが最先端の技術によってできた、きわめて安全なワクチンであるかのように聞かされました。

そして、これさえ接種すれば、コロナはすぐに終息するかのような印象を刷り込まれ、「95パーセントの効果がある」との宣伝もなされてきました。接種しない人間は「非国民」であるかのようなことを主張する人々すら現れました。

しかるに現状はどうでしょう。ワクチンによってコロナは終息しませんでした。それどころか、追加接種が必要だとか、ワクチンを打っておけば重症化を免れる、という理屈にすり替わってきました。最近では、ワクチン接種が年間で数万人規模の超過死亡を招いているとの推計も出るようになりました。

さらに今、ワクチン後遺症で苦しむ方々の情報がインターネット上に次々に現れています。ワクチン接種後に亡くなった方々も1700人を超えています。神経系の病気を発症して、車椅子生活を余儀なくされている方々もおられます。

私も実際に、そういう方々からのご相談を受けました。しかし、政府は「ワクチン接種との因果関係が不明である」として、ほとんどすべての後遺症申請を却下しています。

ワクチン接種後に帯状疱疹《たいじょうほうしん》を発症した方はとても多いです。これなどは、ワクチンを接種すると自己免疫が下がることの明白な証拠です。

◇ワクチン後遺症になったときの対処法

さて、ワクチン接種後に後遺症が現れた場合に何をすべきかということですが、まずは、コロナ後遺症と同じ療法を試すことが勧められます。つまり、大腸の細胞にワクチンのmRNAが侵入している可能性を考えて、そのためのケアをおこないます。

それから、現時点で報告される後遺症に「血栓症」が多いことを考えると、血管内に直接ｍＲＮＡワクチンが入り、血管内皮細胞に取り込まれ、その中でスパイクたんぱくを大量生産し続けていることが充分考えられます。そのため、感染した血管内皮細胞を早急に見つけ出してＴ細胞で破壊してもらうためにも、血液の質を改善するような食事療法の励行と、腸内洗浄の重要性をここでも強調しておきたいです。食事療法としては、リーディングには見られませんが、納豆に含まれる「ナットウキナーゼ」という酵素が血栓を溶かす作用があるというレポートもありますから、日本人であれば「納豆」を食べることも試す価値はあると思います。

ｍＲＮＡワクチンを経口や経鼻ではなく、筋肉注射で接種していることが、厄介な後遺症を増やしている大きな要因になっているのではと思います。

ギラン・バレー症候群（手足の先にしびれや力の入りにくさが出る疾患）のような神経系の症状を呈しているケースに対しては、いくつかの方法が考えられます。

まず、神経細胞に侵入して潜伏しているウイルス（の断片）を取り除く方法として、熱いお風呂に入る方法があります。

リーディングは、42度くらいの熱いお風呂に20分から30分くらい入ることを勧めています。おそらく、細胞内の異常がリセットされるのでしょう。熱ショックたんぱく質が形成され、そのたんぱく質が分解される過程で、ワクチンによるmRNAも破壊されるのかもしれませんし、お風呂の熱そのものによって、mRNAが破壊されるのかもしれません。

この入浴法の効果を高めようと思う場合は、熱いお風呂にエプソム塩を飽和するまで溶かして入るという方法もあります。

そして、お風呂から出たら、ピーナッツオイルを用いてマッサージを施します。これを2、3カ月続けて様子を見ます。この方法でよい反応が見られなければ、ケイシーの考案したインピーダンス装置かウェットセル装置を用いて、神経系の賦活を促す方法を試してみます。

エプソム塩の入浴法については本シリーズの第3巻を、インピーダンス装置とウェットセル装置については第4巻をご参照ください。

いずれにせよ、ここで述べているワクチン後遺症に対するケイシー療法は、ケイシーの時代に報告されたワクチン後遺症に対する治療法をもとに、有望と思われる治療法を抽出したものであって、今回のｍＲＮＡワクチンの後遺症にどの程度効果があるかは、現時点では未知数です。

３カ月程度続けてみて、はっきりした効果が現れない場合は、別の方法に切り替えるなど、それぞれで判断してくださいませ。

あとがき

エドガー・ケイシーに関するご質問は、左記の日本エドガー・ケイシーセンターにお問い合わせください。エドガー・ケイシー療法の講習会やエドガー・ケイシー療法にもとづく健康相談も行っております。

NPO法人日本エドガー・ケイシーセンター
郵便番号　151－0053
東京都渋谷区代々木5－25－20　ナカノギャラリー3F
TEL：03－3465－3285　FAX：03－3465－3263
Web：https://edgarcayce.jp/
E-Mail：info@edgarcayce.jp
窓口時間：10時～18時

定休日：土曜・日曜・祝日

エドガー・ケイシー療法で使用する材料や器具・装置については、左記のテンプルビューティフルにお問い合わせください。

有限会社　テンプルビューティフル
郵便番号　２２４－００３２
神奈川県横浜市都筑区茅ヶ崎中央40－３　グランクレール センター南１－F
ＴＥＬ：０４５－９４９－５５３９　ＦＡＸ：０４５－９４９－２２４７
Web：https://www.caycegoods.com/
E-Mail：shopping@caycegoods.com
営業時間：10時～16時
定休日：日曜・木曜・祝日

また、「ひまし油湿布セット」やマッサージオイルなど一部商品につきましては、ヒカルランドパークでも取り扱っております。詳しくはホームページまたはお電話でお問い合わせください。

TEL：03−5225−2671（平日11〜17時）

Web：https://hikarulandpark.jp/

日本で手に入らない材料や器具・装置については、米国バージニアビーチにあるトータルハーモニー（TOTAL HARMONY Inc.,）から大半のものが入手可能です。

トータルハーモニー（TOTAL HARMONY Inc.,）

Web：https://www.totalharmony4jp.com/

ケイシー療法を受けられる内科と認知症専門外来のクリニックが開院されました。内科の長谷川雅江医師も、精神科の岩田泰秀医師もケイシー療法に精通されておられますので、ケイシー療法に取り組みたい方は受診されることをお勧めいたします。

ゆめのきクリニック（内科）
院長　長谷川雅江
郵便番号　１１３－００３３
東京都文京区本郷４－37－15　吉田ビル４F
ＴＥＬ：０３－３８３０－２０３０
Web：https://www.yume-no-ki.net/

iCARE《あいケア》クリニック（認知症専門）
院長　岩田泰秀
郵便番号　３４４－００５８
埼玉県春日部市栄町２－86－３
Web：http://icare-clinic.jp/

私も最近ブログを始めました。エドガー・ケイシー療法に関して、いろいろ書いておりますので、よかったらアクセスしてみてください。

エドガー・ケイシー探究記

https://mitsuda3.hatenablog.com/

光田 秀　みつだ しげる
1958年広島県生まれ。

NPO 法人「日本エドガー・ケイシーセンター」会長。

京都大学工学部卒業。

20歳のころ、エドガー・ケイシーの『転生の秘密』（たま出版）と出会い、霊的人生観に目覚める。同大学院修了後、政府研究機関での勤務を経て、エドガー・ケイシーを主とした霊的哲理の研究・翻訳・執筆に専念するように。現在も引き続き、ケイシーを世に広める活動に尽力している。

主な著書に『ホリスティック医学の生みの親　エドガー・ケイシー療法のすべて』シリーズ、『エドガー・ケイシーの超リーディング』（共著・白鳥哲）（ともにヒカルランド）、また訳書に『永遠のエドガー・ケイシー』『神の探求』『エドガー・ケイシーのキリストの秘密』（いずれも、たま出版）などがある。

▼NPO 法人
日本エドガー・ケイシーセンター

▼ブログ
「エドガー・ケイシー探究記」

成人病からアンチエイジングまで完全網羅！
ホリスティック医学の生みの親 エドガー・ケイシー療法のすべて⑤
婦人科疾患・男性科疾患・コロナ感染対策

第一刷　2023年2月28日

著者　光田　秀

発行人　石井健資
発行所　株式会社ヒカルランド
〒162-0821　東京都新宿区津久戸町3-11　TH1ビル6F
電話　03-6265-0852　ファックス　03-6265-0853
http://www.hikaruland.co.jp　info@hikaruland.co.jp
振替　00180-8-496587
本文・カバー・製本　中央精版印刷株式会社
DTP　株式会社キャップス
編集担当　小澤祥子

ISBN978-4-86471-613-0

神楽坂♥《ハート》散歩
ヒカルランドパーク

【出版記念セミナーのお知らせ】
ホリスティック医学の生みの親《エドガー・ケイシー療法のすべて》
【特別編】コロナ感染対策（予防・治療・後遺症）

講師：光田 秀

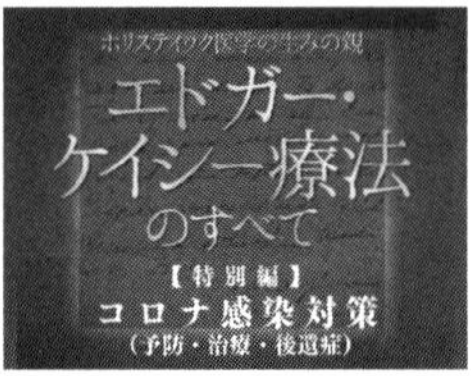

ここ数年、世界を大混乱の渦に巻き込んだ「新型コロナウイルス」に、ケイシー療法はどのように対処するのか？　流行当初からリーディングに基づくケア方法をシェアされてきた光田先生のもとには、「軽症で済んだ」「回復が大いに促進された」など嬉しいお声がたくさん届いているそうです。最近はコロナやワクチンの後遺症のご相談も増えてきたそうです。本講演では、アップルブランデーによる蒸気吸入法をはじめとするユニークな療法を実演いただきながら、コロナ・ワクチンの予防・治療・後遺症に関するケイシー療法の知恵をたっぷりご紹介いただきます！

日時：2023年３月４日（土）　開場 13：30　開演 14：00　終了 16：00
参加方法：会場参加、ZOOM 生配信のいずれか
料金：8,800円（税込）
会場＆申し込み：ヒカルランドパーク

ヒカルランドパーク
JR 飯田橋駅東口または地下鉄 B1出口（徒歩10分弱）
住所：東京都新宿区津久戸町3－11 飯田橋 TH1ビル 7F
電話：03－5225－2671（平日11時－17時）
メール：info@hikarulandpark.jp　URL：https://hikarulandpark.jp/
Twitter アカウント：@hikarulandpark
ホームページからも予約＆購入できます。

本といっしょに楽しむ ハピハピ♥ Goods&Life ヒカルランド

〈DVD&動画配信〉
ホリスティック医学の生みの親
《エドガー・ケイシー療法のすべて》

〈動画配信〉
料金（すべて税込）
プレ・レクチャー
4,000円
講座（第１～９回）
13,000円
全10回講座一括
100,000円

〈DVD〉
料金（すべて税込）
プレ・レクチャー
5,093円
講座（第１～９回）
15,278円（１回あたり）
全10回講座一括
122,222円

【連続講座 DVD ＆動画配信】
ホリスティック医学の生みの親
《エドガー・ケイシー療法のすべて》
講師：光田秀（NPO 法人日本エドガー・ケイシーセンター会長）

2017年にヒカルランドパーク５周年記念イベントとして開催された特別連続講義、待望の DVD ＆動画配信化!!　日本におけるエドガー・ケイシー研究の第一人者、光田 秀氏による網羅的・実践的な講座内容をノーカットで収録いたしました。
お得な10巻セットも用意しております。

【プログラム】
・プレ・レクチャー
・第１回：エドガー・ケイシー療法と皮膚疾患（湿疹、アトピー、乾癬など）
・第２回：エドガー・ケイシー療法とがん（予防法および臓器別治療法）
・第３回：エドガー・ケイシー療法と成人病（高血圧、糖尿病、関節炎など）
・第４回：エドガー・ケイシー療法と免疫疾患（リウマチ、膠原病など）
・第５回：エドガー・ケイシー療法と神経疾患Ⅰ（認知症、てんかん、統合失調症など）
・第６回：エドガー・ケイシー療法と神経疾患Ⅱ（ALS、パーキンソン、筋ジス、多発性硬化症など）
・第７回：エドガー・ケイシー療法と精神疾患（うつ病、自閉症、学習障害、不安症など）
・第８回：エドガー・ケイシー療法と婦人科疾患（月経困難症、子宮筋腫、膣炎など）
・第９回：エドガー・ケイシー療法と美容法（育毛、美肌、ホクロ・イボ、フケ、爪、痩身など）

【お問い合わせ先】ヒカルランドパーク

＊ご案内の価格、その他情報は発行日時点のものとなります。

最強のケイシーグッズ！

ひまし油湿布セットA&B

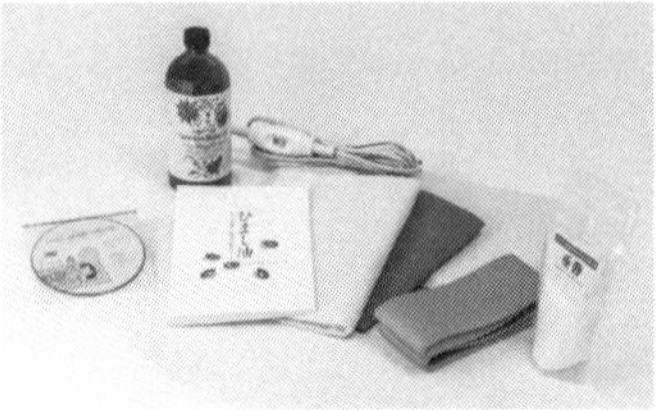

セットA　16,425円（税込）～

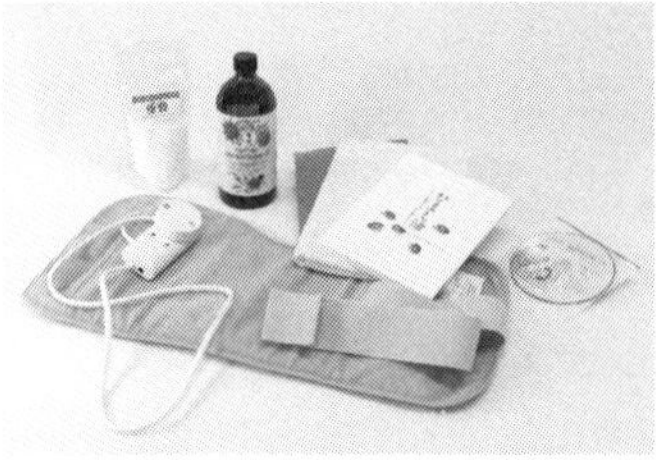

セットB　45,685円（税込）～

セット内容

◆A、B共通のもの

ひまし油（500mℓ）／コットンフランネル1枚／オイルカバー（エンバランス加工）1枚／重曹／ひまし油小冊子／使い方DVD

◆温熱ヒーター

＊AとBは温熱ヒーターの機能が異なります。

セットA：アンポヒーター（お財布にやさしいシンプルタイプ）

セットB：パーマクリスト（2段階のタイマーと温度調整機能や電磁波軽減の直流電流設計）

◆多くのリーディングですすめられたひまし油湿布

エドガー・ケイシーが残したリーディング14,306件のうち、病気の治療や美容健康の増進に関する「フィジカルリーディング」と呼ばれるものは9,605件にのぼります。そのうち545件ですすめられた、最もポピュラーな治療法が「ひまし油湿布」です。

それは、ひまし油を浸して温めた布をお腹（肝臓の周囲）に巻いて、1時間程度休む、というシンプルなもの。温めて使うことで効果が高まり、癒しの作用も働きます。

◆ケイシーがすすめた3つの排泄促進法

ケイシー療法で使われる排泄促進法は3つあります。肝臓が疲れたときの「ひまし油湿布」、大腸の掃除「洗腸（コロニクス）」、消化を整える「リンゴダイエット」。体をしっかりデトックスしたいときは、この3つを行うと効果的です。これからケイシー療法にチャレンジするという場合は、この中で一番試しやすい「ひまし油湿布」からスタートするのがおすすめです。

【お問い合わせ先】ヒカルランドパーク

＊ご案内の価格、その他情報は発行日時点のものとなります。

エドガー・ケイシーの基本原理 4 原則

CARE

ホリスティック医学の生みの親とも言えるエドガー・ケイシー療法の基本原理は4つあります。英語の頭文字をとって「CARE」と呼ばれています。

Circulation（循環）

血液、リンパ液からなる体液と神経の流れを良くすること。

◆主な実践法

ひまし油湿布、整骨療法（オステオパシー）マッサージ、運動

Assimilation（同化）

食物を消化吸収する能力のこと。

◆主な実践法

食事療法（体内を弱アルカリ性に保ち、毒素を生じさせない食事をする）

Relaxation/rest（休息）

必要な休息と充分な睡眠をとること。

◆主な実践法

ひまし油湿布、インピーダンス装置を使った治療、適度な運動

Elimination（排泄）

デトックス、体内を浄化すること。

◆主な実践法

ひまし油湿布、腸内洗浄、リンゴダイエット

「人生の中でひまし油に出会えたひとは、それだけで幸運な人である」

＊「ケイシーヒーリングの秘密」「癒しのオイルテラピー」より

本といっしょに楽しむ ハピハピ♥ Goods&Life ヒカルランド

大地と光のマッサージオイル　（無香料220mℓ）　2,750円（税込）

エドガー・ケイシーが勧めた基本のマッサージオイルは、オリーブ油とピーナツ油をブレンドしたものです。ケイシーは、「この組み合わせのオイルを使ったマッサージは“皮膚への食事”のようなものである」とも述べています。また、このオイルでマッサージされた方からは、「シンクロニシティが起こりやすくなった」「鮮やかな夢を見た」という声も！　入浴前または入浴後に行うのが効果的。●成分：ピーナツ油、オリーブ果実油、液状ラノリン、トコフェロール

ひまし油

220mℓ　2,730円／500mℓ　4,278円（いずれも税込）

世界的に貴重なオーガニックのコールドプレス（冷圧搾）のひまし油。一般的な精製過程を経ることなく製造された、オイル本来のエネルギーが活きている質の高いオイルです。ひまし油湿布はもちろん、肌の保湿やオリーブオイルなどとブレンドしてマッサージオイルとして使用することも可能です。ひまし油湿布の場合は、湿布用フランネル１枚に200～250mℓのひまし油を浸して使います（約２か月間使用可能）。

●成分：ひまし油

ひまし油湿布長期使用の必需品！

コットンフランネル

５枚セット　4,400円（税込）

ひまし油湿布の必須アイテム、フランネル。漂白剤や合成ノリなどの化学物質を一切使わず、手間ひまかけて織り上げられた逸品です。ご家族用に複数枚あると便利です。サイズは約36×90cm。

オイルカバー

10枚セット　4,900円（税込）

ひまし油湿布をする場合、このオイルカバーの上にフランネルを置いて、ひまし油を注ぎます。鮮度保持機能をもつエンバランス加工を施してあります。サイズは約33×45cm。

【お問い合わせ先】ヒカルランドパーク

＊ご案内の価格、その他情報は発行日時点のものとなります。

ケイシーグッズに新製品登場！

大地の力シャンプー（300ml）　3,245円（税込）

抜け毛、薄毛、頭髪ケアが気になるあなたに！　ケイシーが髪のために薦めたクルドオイル（未精製原油）を配合したシャンプーです。安全性の高い植物由来の洗浄成分＆毛根を活性化する2つの成分（パンテノール、センブリエキス）配合。

●成分：水、ラウロイルメチルアラニンNa、ラウロイルアスパラギン酸Na、グリセリン、BG、ラウリルベタイン、コカミドプロピルベタイン、香料＊、塩化Na、オリーブ果実油、パンテノール、センブリエキス、ハッカ油、グアーヒドロキシプロピルトリモニウムクロイド、（クロロフィリン/銅）複合体、クエン酸、フェノキシエタノール、エタノール、炭酸水素Na　＊クルドオイル

エプソムソルト（2.2kg）　1,980円（税込）

ケイシー推奨の入浴剤。身体を温めて冷えとり＆柔軟性アップ！お肌もすべすべに。時差ボケ対策や浄化にも。

●成分：硫酸マグネシウム

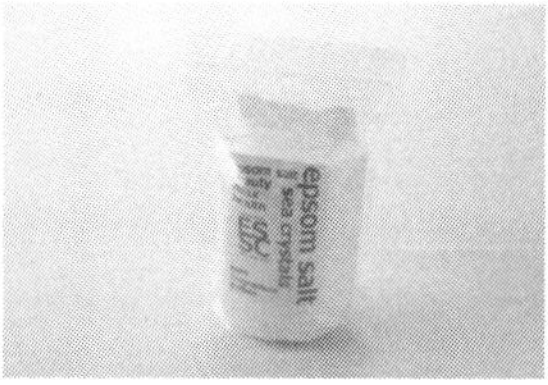

アルカサイモリン（300mℓ）　2,035円（税込）

数多くのリーディングで勧められた「グライコサイモリン」の日本版！　温湿布などケイシー療法のさまざまな場面で使えます。マウスウォッシュにもGOOD♪

●成分：水、エタノール（溶剤）、グリセリン（湿潤剤）、ユーカリ葉油、サリチル酸メチル、チモール、メントール（着香剤）、炭酸水素Na（pH調整剤）、安息香酸Na（防腐剤）

【お問い合わせ先】ヒカルランドパーク

＊ご案内の価格、その他情報は発行日時点のものとなります。

不思議・健康・スピリチュアルファン必読！
ヒカルランドパークメールマガジン会員とは??

ヒカルランドパークでは無料のメールマガジンで皆さまにワクワク☆ドキドキの最新情報をお伝えしております！　キャンセル待ち必須の大人気セミナーの先行告知／メルマガ会員だけの無料セミナーのご案内／ここだけの書籍・グッズの裏話トークなど、お得な内容たっぷり。下記のページから簡単にご登録できますので、ぜひご利用ください！

◀ヒカルランドパークメールマガジンの登録はこちらから

ヒカルランドの新次元の雑誌「ハピハピ Hi-Ringo」読者さま募集中！

ヒカルランドパークの超お役立ちアイテムと、「Hi-Ringo」の量子的オリジナル商品情報が合体！　まさに“他では見られない”ここだけのアイテムや、スピリチュアル・健康情報満載の1冊にリニューアルしました。なんと雑誌自体に「量子加工」を施す前代未聞のおまけ付き☆持っているだけで心身が“ととのう”声が寄せられています。巻末には、ヒカルランドの最新書籍がわかる「ブックカタログ」も付いて、とっても充実した内容に進化しました。ご希望の方に無料でお届けしますので、ヒカルランドパークまでお申し込みください。

量子加工済み♪

創刊号は2022年11月刊行！

ヒカルランドパーク
メールマガジン＆ハピハピ Hi-Ringo お問い合わせ先

- お電話：03－6265－0852
- FAX：03－6265－0853
- e-mail：info@hikarulandpark.jp

・メルマガご希望の方：お名前・メールアドレスをお知らせください。
・ハピハピHi-Ringoご希望の方：お名前・ご住所・お電話番号をお知らせください。